KB066742

맛있는스쿨 ▶ 단과 강좌 할인 쿠폰

할인 코드   hchy_zw_lv1

단과 강좌 할인 쿠폰
20% 할인

할인 쿠폰 사용 안내
1. 맛있는스쿨(cyberjrc.com)에 접속하여 [회원가입] 후 로그인을 합니다.
2. 메뉴中[쿠폰] → 하단[쿠폰 등록하기]에 쿠폰번호 입력 → [등록]을 클릭하면 쿠폰이 등록됩니다.
3. [단과] 수강 신청 후, [온라인 쿠폰 적용하기]를 클릭하여 등록된 쿠폰을 사용하세요.
4. 결제 후, [나의 강의실]에서 수강합니다.

쿠폰 사용 시 유의 사항
1. 본 쿠폰은 맛있는스쿨 단과 강좌 결제 시에만 사용이 가능합니다.
2. 본 쿠폰은 타 쿠폰과 중복 할인이 되지 않습니다.
3. 교재 환불 시 쿠폰 사용이 불가합니다.
4. 쿠폰 발급 후 60일 내로 사용이 가능합니다.
5. 본 쿠폰의 할인 코드는 1회만 사용이 가능합니다.
*쿠폰 사용 문의 : 카카오톡 채널 @맛있는스쿨

맛있는톡 ☺ 할인 쿠폰

할인 코드   jrcphone2qsj

전화&화상 외국어 할인 쿠폰
10,000원

할인 쿠폰 사용 안내
1. 맛있는톡 전화&화상 중국어(phonejrc.com), 영어(eng.phonejrc.com)에 접속하여 [회원가입] 후 로그인을 합니다.
2. 메뉴中[쿠폰] → 하단[쿠폰 등록하기]에 쿠폰번호 입력 → [등록]을 클릭하면 쿠폰이 등록됩니다.
3. 전화&화상 외국어 수강 신청 시 [온라인 쿠폰 적용하기]를 클릭하여 등록된 쿠폰을 사용하세요.

쿠폰 사용 시 유의 사항
1. 본 쿠폰은 전화&화상 외국어 결제 시에만 사용이 가능합니다.
2. 본 쿠폰은 타 쿠폰과 중복 할인이 되지 않습니다.
3. 교재 환불 시 쿠폰 사용이 불가합니다.
4. 쿠폰 발급 후 60일 내로 사용이 가능합니다.
5. 본 쿠폰의 할인 코드는 1회만 사용이 가능합니다.
*쿠폰 사용 문의 : 카카오톡 채널 @맛있는스쿨

NEW
맛있는
중국어
작문 ①

NEW 맛있는 중국어 작문 ❶

제1판 1쇄 발행　2011년 8월 30일
제2판 1쇄 인쇄　2024년 3월 20일
제2판 1쇄 발행　2024년 3월 30일

저자	한민이
발행인	김효정
발행처	맛있는books
등록번호	제2006-000273호
편집	최정임
디자인	이솔잎
제작	박선희

주소	서울시 서초구 명달로 54 JRC빌딩 7층
전화	구입문의 02·567·3861 | 02·567·3837
	내용문의 02·567·3860
팩스	02·567·2471
홈페이지	www.booksJRC.com

ISBN	979-11-6148-077-0 14720
	979-11-6148-076-3 (세트)
정가	16,000원

NEW 맛있는 중국어 작문 ①

한민이 지음

맛있는 books

맛있는 작문 레시피를 만들며

　　외국어를 공부할 때 가장 힘든 일이 내가 하고 싶은 말을 글로 옮기는 게 아닐까 싶어요. 회화를 잘하시는 분들도 '글쓰기' 앞에선 막막한 기분을 느낀 적이 최소한 한두 번은 있을 거예요. 그도 그럴 것이 말을 할 때는 가끔씩 어순이 바뀌고 엉뚱한 단어를 쓰는 실수를 범해도 말하는 사람의 표정이나 태도를 통해 그 의도가 전달될 수 있지만, 글을 쓸 때는 어순과 어법에 맞고 내용에 어울리는 단어를 정확히 써주어야만 "맞았습니다!"라는 말을 들을 수 있기 때문이지요. 여기에 또 하나 재미있는 건, 글쓰기에서 실수하는 부분을 실전 회화를 할 때도 똑같이 실수한다는 거예요. 그러니 글쓰기를 잘하면 회화 실력도 더욱 향상된다는 말이지요.

　　그렇다면 과연 어떻게 해야 실력파들조차 친해지기 힘든 글쓰기와 빨리 가까워질 수 있을까요? 너무나 뻔한 말 같지만 글쓰기를 잘하려면 많이 써보는 것이 최고인데, 사실 글쓰기라는 것이 어느 날 갑자기 두 주먹 불끈 쥐고 "오늘부터 나는 글쓰기를 할 거야!" 하고 마음만 먹는다고 해서 되는 게 아니잖아요.

　　그래서 이 책은 글쓰기를 처음 시도하는 학습자들도 쉽게 접근할 수 있게, 중국어 기초어법을 토대로 글 쓰는 연습을 하도록 꾸몄습니다. 마치 과외 선생님이 옆에 있는 것처럼, 어법에서 주의할 사항을 꼼꼼하게 짚어준 후 응용문제를 풀어보는 시간을 가져, 글쓰기에서 범할 수 있는 오류를 최대한 줄일 수 있도록 한 것이지요. 한 과 한 과 공부하고 써보는 과정을 통해 그동안 미심쩍었던 어법 부분도 확인하고 글쓰기 실력도 향상시킬 수 있답니다. 더불어 좀 더 완벽한 회화를 구사할 수 있는 기초가 다져지기도 하고요.

글쓰기를 할 때는 먼저 여러분이 하고자 하는 말이 무엇인지 머릿속으로 정리한 후에 문장으로 옮기는 것이 중요합니다. 글쓰기를 하다 보면 본인이 어디에서 막히는지 알게 되는데, 그럴 때는 실수한 부분의 어법을 확인하고 가는 것이 좋습니다. 또한 좋은 중국어 문장을 읽은 후 축약해서 정리하는 연습을 하면 글쓰기 공부에 아주 큰 도움이 됩니다. 이 방법은 HSK 6급 작문 문제 유형과 같은데, 중국어 공부를 시작하면서부터 이 방법으로 연습하면 자연스레 미래의 시험 대비도 되면서 어휘력과 글쓰기 실력이 동시에 향상되는 효과를 얻을 수 있습니다.

서양 속담에 '첫걸음이 항상 가장 어렵다(万事开头难)'라는 말이 있지요. 이 속담은 중국인들도 자주 사용합니다. 글쓰기 역시 처음 시작이 어려울 뿐, 막상 시작해서 습관이 되면 자연스럽게 여러분의 머리에, 손에, 입에 붙어서 꺼내고 싶을 때 바로 꺼내놓을 수 있게 될 거예요.

외국어를 공부하다 보면 우리말이 참 아름답다는 생각을 하게 됩니다. 이렇게 멋진 우리말이 여러분의 손에서 제대로 지어진 중국어 옷을 입고, 그 자태를 한껏 뽐낼 수 있었으면 좋겠다는 바람을 갖습니다.

한민이

덧붙이는 말 _ 유난히 덥고 습했던 올 여름, 제 책과 씨름하느라 힘들었을 맛있는북스 편집부 여러분과 교정에 도움을 주신 许宁 군에게 진심으로 감사드립니다.

이 책의 차례

작문의 달인이 되는 필독 기본서
어법과 문장구조, 어감까지 익혀 거침없이 작문하자!

01 기본적인 문장구조부터 미묘한 어감까지!
All In One 작문 학습

중국어 문장을 쓰기 위해 알아야 하는 기본적인 문장구조와 어법은 물론, 좀 더 수준 높은 문장을 구사하기 위한 복합문 구조, 한 글자로 미묘하게 달라지는 어감까지 중국어 작문의 모든 것을 종합적으로 다루고 있습니다. 올바른 중국어 문장을 쓰기 위해 필요한 원고지 작성법과 문장부호 사용법 등도 빠짐없이 익힐 수 있도록 구성하였습니다.

02 이론보다 실전! 많이 쓰고 많이 고쳐보는
실천형 작문 학습서

학습자가 직접 중국어 문장을 써볼 수 있는 기회를 최대화하였습니다. 또한 자신이 쓴 문장이 왜 틀렸는지 스스로 발견하게끔 유도하고, 나아가 잘못된 문장을 직접 교정해보면서 더욱 완벽한 중국어 문장을 쓸 수 있도록 하였습니다.

03 생생하고 현실성 있는 실용표현으로 익히는
실전형 작문 학습서

가능한 현실적이고 생동감 넘치는 한국어 표현을 중국어로 작문해볼 수 있도록 예문과 연습문제를 구성하였습니다. 지금 이 순간 내가 생각하고 사용하고 있는 한국어가 중국어로 어떻게 표현되는지 배움으로써 더욱 풍부하고 충실한 작문이 가능해집니다.

04 시도 → 발견 → 검토 → 교정 → 활용으로 이어지는 체계적인 구성

본격적인 학습 전에 일단 중국어 문장을 써보고, 직접 작문하면서 느낀 어려움을 작문 핵심 포인트로 발견하여 일목요연하게 정리해줍니다. 그런 다음, 모범 문장을 검토하고 응용하여 다시 작문해보고, 잘못된 문장을 교정하면서 확실하게 익히고, 배운 내용을 완전하게 활용할 수 있도록 연습문제로 다져줍니다.

05 초보자도 쉽게 따라 할 수 있는 작문 마스터 플랜

중국어 작문을 처음 공부하는 학습자도 쉽게 접근할 수 있도록 구성했습니다. 중국어 기초 어법을 바탕으로 글쓰기 연습을 진행함으로써 작문에서 범하기 쉬운 오류를 최대한 줄일 수 있을 것입니다. 간단하면서도 핵심 내용을 콕 집어주는 설명, 어법 주의사항과 호응하는 응용문제는 친근하고 꼼꼼한 선생님과 함께 공부하는 것 같은 효과를 줍니다.

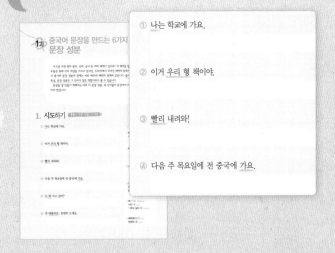

본격적인 작문 공부를 시작하기 전, 이 과에서 배울 내용을 간단히 설명해줍니다.

1. 시도하기

자신의 작문 실력을 체크해보는 코너입니다. 잘 모르는 부분이 있어도 일단 시도해보세요! 그리고 어떤 부분에서 막히고 무엇이 제일 어려운지 곰곰이 생각해두세요.

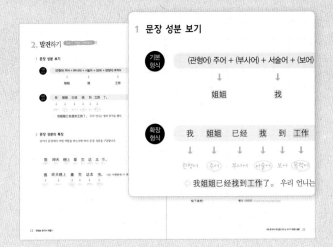

2. 발견하기

작문할 때 주의해야 할 어법을 다양한 예문을 통해 설명해줍니다. 예문 중에 나오는 '시도하기'의 모범답안을 살펴보면 내가 쓴 문장에서 어디가 왜 틀렸는지 머리에 쏙쏙 들어올 거예요.

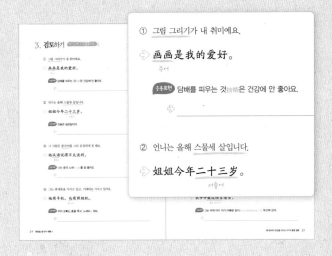

3. 검토하기

'발견하기'에서 찾아낸 중국어 작문의 키포인트를 다시 한 번 확실히 익히는 코너입니다. 예문과 힌트를 응용해 완벽한 중국어 문장을 써보세요.

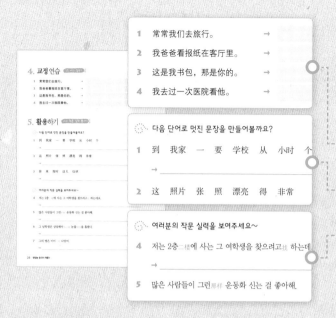

4. 교정 연습 & 활용하기

연습문제를 통해 배운 내용을 완전히 자기 것으로 만들었는지 테스트해보고, 머릿속에 단단히 집어넣는 코너입니다.

잘못된 문장을 올바르게 교정하는 연습을 통해 작문 실력을 다집니다.

제시된 단어를 올바른 어순으로 배열합니다.

한국어 문장을 중국어로 작문해보세요.

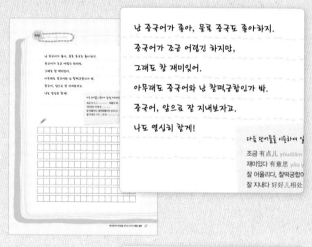

5. 도전! 나만의 심플 다이어리

중국어로 일기를 쓴다고 생각하고 작문해봅시다. 한 문장이 아니라 한 단락의 글에 도전!

6. 확인! 실력 업그레이드

'심플 다이어리' 코너의 모범답안입니다. 흔히 실수하는 부분을 일부러 오답으로 제시한 다음, 첨삭하는 과정을 보여줌으로써 확실하게 실력을 업그레이드 시켜줍니다.

중국어 작문, 이렇게 정복하자!

01 중국을, 중국인을, 중국 문화를 이해하자.

많은 분들이 쉽고 빠르게 중국어를 마스터하기를 바랍니다. 중국어 공부에 왕도는 없습니다. 다만 남들보다 조금 빠르게 갈 수 있는 방법이 있는데, 중국을 바로 알고, 중국 문화를 이해하고, 중국인의 생각을 파악하는 것입니다. 언어는 하루아침에 하늘에서 뚝딱 하고 떨어진 게 아닙니다. 그러니 중국어를 쓰고 있는 중국인을 이해해야 합니다. 우리는 중국어를 배우면서 중국어의 기본 어순은 '주어+서술어+목적어'라고 반복해서 외우지만, 과정을 중시하는 중국인의 사고방식을 이해하면 '주술목, 주술목' 하며 주술 외우듯 하지 않아도 된다는 것이지요. 오늘부터 중국 문화에 관련된 책을 많이 보세요! 그 안에 중국어가 들어 있답니다.

02 중국어 어법을 친구로 삼자.

어떤 분들은 그러십니다. "HSK에 어법 영역이 없던데, 그럼 어법 공부는 안 해도 되지요?" 여러분도 혹시 그렇게 생각하시나요?
언어를 배울 땐 어법이 기본입니다. 우리가 의식하지 않고 있어서 그렇지 자음접변, 구개음화, ㄹ 탈락 현상, 어미 변화, 체언, 용언 등 우리말에도 어려운 어법이 얼마나 많은데요. 우리말 어법에 비하면 중국어 어법은 정말 엄청~~ 간단하다니까요. 그러니 어법을 튼튼히 다져놓으세요. 특히나 작문을 잘하고 싶은 분들은 어법과 더 친하게 지내셔야 해요. 그래야 작문고수가 될 수 있습니다.

03 중국어 작문을 잘하려면 한국 문학작품을 많이 읽자.

주위에 중국어 회화를 잘하는 사람을 보면 우리말 구사 능력도 뛰어나는 사실을 알 수 있을 것입니다. 마찬가지로 우리말로 글쓰기를 잘하면 중국어 작문도 잘합니다. 좋은 글은 무엇보다도 좋은 내용에서 시작되기 때문이지요. 따라서 평소 폭넓게 독서하고 다양한 주제에 대해 논리적으로 생각해보는 습관을 기르는 것이 중요합니다. 아무리 많은 중국어 단어를 암기하고 중국어 어법을 술술 설명한다 해도 쓰고자 하는 내용이 두서가 없고 뒤죽박죽이라면 절대로 매끄러운 문장이 나올 수 없겠지요. 좋은 글을 하루에 한 쪽이라도 읽는 습관을 기르세요.

04   좋은 문장은 베껴 쓰고, 요약하자.

'만 권의 책을 읽으면 어떤 글도 쓸 수 있다'라는 말이 있지요. 글쓰기에 '읽기'가 그만큼 도움이 많이 된다는 뜻입니다. 여기에 더해 좋은 글을 직접 베껴 써본다면 더 좋은 글을 쓸 수 있겠지요. 매일매일 할 일이 너무너무 많으시겠지만 그중에서 단 10분이라도 쪼개서 중국어로 된 좋은 문장을 베껴 써보세요. 나중에 여러분이 좋은 글을 쓰시는 데 지대한 공헌을 합니다. 그리고 짧은 문장이어도 좋고 긴 문장이어도 좋으니, 중국어 문장을 읽은 후엔 그 문장을 요약하는 습관을 길러보세요. 이 또한 여러분의 작문 실력에 피가 되고 살이 됩니다.

05   하루에 한 줄이라도 매일 쓰자.

외국어 학습법 중에서 '꾸준히'만큼 무서운 학습법은 없습니다. 꾸준히 일주일, 한 달, 일 년…… 그렇게 '꾸준히' 하다 보면 반드시 실력이 향상됩니다. 작문도 마찬가지입니다. 제가 학생들에게 항상 당부하는 말 중 하나가 "매일 한 줄이라도 쓰세요"입니다. 한 줄이라고 하면 우습지만 시간이 흐르면서 그 한 줄이 10줄, 100줄이 됩니다. 일기도 좋고 다른 사람 흉도 좋고 죽기 전에 꼭 하고 싶은 일 목록도 좋습니다. 매일 정해진 시간에 직접 손으로 사전 찾아가며 한 줄만 써보세요. 거기서부터 작문 실력의 파란 싹이 돋아날 것입니다.

06   화려한 문장보다 올바른 문장을 쓰자.

걸음마 시작하자마자 바로 뛰고 싶어지는 게 사람의 욕심이죠. 여러분도 작문을 시작한 뒤 조금 실력이 는 것 같으면 마음이 급해져 얼른 멋지고 화려한 문장을 써보고 싶다는 욕심이 생길 겁니다. 그래도 꾹~~ 참으시고, 일단 짤막하고 단순하더라도 오류가 없는 문장을 많이 써보는 게 좋습니다. 기초공사를 튼튼하게 하지 않으면 부실공사가 되어 건물이 언제 무너질지 모르잖아요. 그러니 처음부터 멋진 문장을 쓰려는 노력보다는 내가 알고 있는 단어로 간단하지만 결점 없는 문장을 쓰는 것이 중요합니다. 괜히 멋진 문장 쓰려다 단어 찾는 데 시간 오래 걸리고 문장도 매끄럽지 않아서 스트레스를 받다 보면 부실 건물이 무너지듯 여러분의 중국어 의욕이 상실될 수 있으니까요.

원고지 사용법 익히기

❶ 제목은 가운데 부분이나 첫째 줄의 다섯 번째 칸부터 씁니다.

제목이 짧은 경우에는 정중앙에 쓰고, 제목이 긴 경우에는 첫째 줄에서 맨 앞의 네 칸을 띄고 다섯 번째 칸에서부터 제목을 씁니다.

				童	心	与	童	画				

중앙으로!

				一	碗	鸡	蛋	番	茄	面	里	的	爱	情	

다섯 번째 칸부터

❷ 본문 내용은 둘째 줄의 세 번째 칸부터 씁니다.

본문 내용은 둘째 줄에서 맨 앞의 두 칸을 띄고 세 번째 칸부터 시작하면 됩니다.
문장에서 단락이 바뀌는 경우에도 줄을 바꾸어 세 번째 칸부터 쓰면 됩니다.

				童	心	与	童	画			
	一	个	小	学	三	年	级	的	男	生	在	美	劳	课
上	画	了	一	张	图	。								

세 번째 칸부터

❸ 알파벳 대문자는 한 칸에 한 글자씩 쓰고, 알파벳 소문자와 숫자는 한 칸에 두 글자씩 씁니다.

		C	H	I	N	E	S	E						

		ab	cd	ef	gh									

		12	34	56	78									

❹ 문장부호는 기본적으로 한 칸에 하나씩 씁니다.

큰따옴표(" ")와 큰 묶음표(《 》)를 제외한 모든 문장부호는 행이 시작되는 첫 번째 칸에는 쓸 수 없으므로, 이 경우 문장부호를 맨 마지막으로 끝나는 글자 옆에 써줍니다.

| " | 为 | 什 | 么 | ？ | 为 | 什 | 么 | 要 | 涂 | 掉 | ？" | | | |

| 《 | 透 | 明 | 的 | 哀 | 伤 | 》 | | | | | | | | |

안돼요~ X

| ， | 总 | 有 | 着 | 一 | 些 | 什 | 么 | 使 | 我 | 不 | 安 | 。 | | |

같이 써주기

| | 爸 | 爸 | 在 | 门 | ， | 提 | 着 | 个 | 很 | 大 | 的 | 公 | 文 | 包， |

❺ 모든 문장 부호는 행의 마지막 칸에 단독으로 쓸 수 없습니다.

이때는 한자와 같이 써줍니다.

안돼요~ X

| | | | | | | | | | | | | | | " |

| 你 | 为 | 什 | 么 | 要 | 哭 | 呢 | ？" | | | | | | | |

같이 써주기

| | | | | | | | | | | | | | | "你 |

| 为 | 什 | 么 | 要 | 哭 | 呢 | ？" | | | | | | | | |

❻ 부연 설명할 때 쓰는 말줄임표(……)는 한 칸에 점 세 개씩 쓰고, 줄표(──)는 두 칸에 걸쳐 길게 표기합니다.

| 那 | 样 | 悲 | 观 | , | 那 | 样 | 不 | 可 | 救 | 药 | … | … | | |

점 세 개씩 두 칸

| 去 | 实 | 现 | 少 | 年 | 时 | 的 | 梦 | 想 | ── | | 攀 | 登 | 喜 | 马 | 拉 |

두 칸에 길게

❼ 쌍점(:)과 대화나 인용문에 쓰인 마침표(。), 물음표(?), 느낌표(!)는 인용부호(" ")와 한 칸에 같이 써주면 됩니다.

| 最 | 后 | , | 他 | 轻 | 轻 | 地 | 问 | 我 | :" | 喜 | 欢 | 吗 | ?" | | |

같이 써주기

| " | 好 | 喜 | 欢 | !" | | | | | | | | | | |

❽ 연도에 해당하는 아라비아 숫자는 한자로 쓰지 않아도 되고, 한 칸에 두 글자씩 씁니다.

| 20 | 24 | 年 | 6 | 月 | 8 | 日 | | | | | | | | |

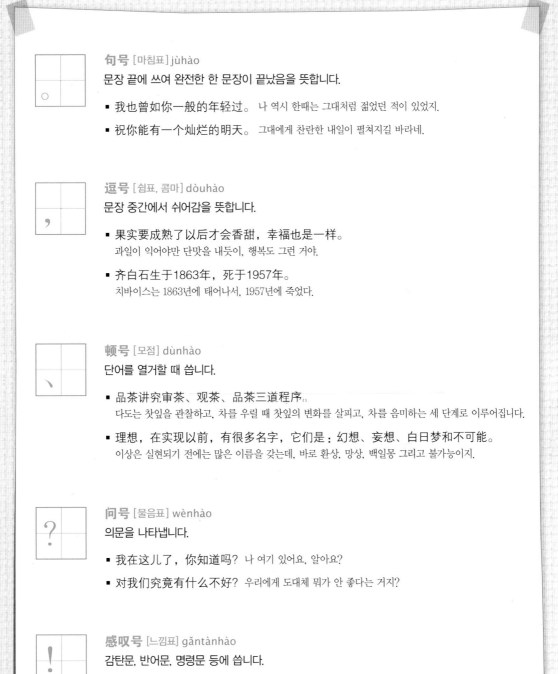

句号 [마침표] jùhào

문장 끝에 쓰여 완전한 한 문장이 끝났음을 뜻합니다.

- 我也曾如你一般的年轻过。 나 역시 한때는 그대처럼 젊었던 적이 있었지.
- 祝你能有一个灿烂的明天。 그대에게 찬란한 내일이 펼쳐지길 바라네.

逗号 [쉼표, 콤마] dòuhào

문장 중간에서 쉬어감을 뜻합니다.

- 果实要成熟了以后才会香甜，幸福也是一样。
  과일이 익어야만 단맛을 내듯이, 행복도 그런 거야.
- 齐白石生于1863年，死于1957年。
  치바이스는 1863년에 태어나서, 1957년에 죽었다.

顿号 [모점] dùnhào

단어를 열거할 때 씁니다.

- 品茶讲究审茶、观茶、品茶三道程序。
  다도는 찻잎을 관찰하고, 차를 우릴 때 찻잎의 변화를 살피고, 차를 음미하는 세 단계로 이루어집니다.
- 理想，在实现以前，有很多名字，它们是：幻想、妄想、白日梦和不可能。
  이상은 실현되기 전에는 많은 이름을 갖는데, 바로 환상, 망상, 백일몽 그리고 불가능이지.

问号 [물음표] wènhào

의문을 나타냅니다.

- 我在这儿了，你知道吗？ 나 여기 있어요, 알아요?
- 对我们究竟有什么不好？ 우리에게 도대체 뭐가 안 좋다는 거지?

感叹号 [느낌표] gǎntànhào

감탄문, 반어문, 명령문 등에 씁니다.

- 请你，请你好好珍惜此刻的幸福吧! 그대여, 지금 이 순간의 행복을 소중히 여기세요!
- 哪里会有这样的事儿! 세상에 이런 일이 어디 있어!

17

引号 [따옴표] yǐnhào

다른 사람의 말을 직접 인용하거나 강조할 때는 큰따옴표(" ")를 쓰고, 인용문 안에서 재인용을 할 때는 작은따옴표(' ')를 씁니다.

- 纪德说："想要'认识自己'的毛虫永远也变不了蝴蝶。"
  앙드레 지드가 그랬지, 자신을 알고 싶어 하는 애벌레는 영원히 나비가 될 수 없다고.

- 你解释说：是"空间"和"时间"让你困惑。
  너는 공간과 시간이 너를 곤혹스럽게 한다고 덧붙였지.

- 她又说："刚回到家，二姐就对我说：'不许哭'。"
  그녀는 또 집에 도착하자마자 둘째 언니가 자기한테 "울지 마"라고 했다고 했어.

分号 [반구절점, 세미콜론] fēnhào

병렬 복문에서 병렬되는 단문의 멈춤을 나타내거나, 문장을 끊었다가 추가로 설명을 계속할 때 씁니다.

- 如果小高从市政府往这儿走，十分钟就到了；如果小高从城南往回走，大概要三个小时吧。
  만약에 고 군이 시청에서 여기로 온다면 10분이면 충분하고, 만약에 고 군이 성남 쪽에서 온다면, 대충 세 시간쯤 걸릴 것이다.

- 去爱吧，如同没有受过伤一样；歌唱吧，如同没人聆听一样。
  사랑하라, 한 번도 상처받지 않은 것처럼. 노래하라, 아무도 듣고 있지 않은 것처럼.

冒号 [쌍점, 콜론] màohào

질문이나 인용문을 표시할 때, 앞 문장이 포함하는 내용을 부연 설명할 때, 편지나 연설 원고의 맨 처음 호칭 뒤에 씁니다.

- 学生跑过来对我轻声要求："老师，我们想走路回去。"
  학생이 달려와서는 나에게 조심스러운 듯 "선생님, 저희들은 걸어서 돌아갈게요"라고 했다.

- "北京紫禁城有四座城门：午门、神武门、东华门和西华门。"
  "베이징 자금성에는 네 개의 성문이 있는데, 곧 오문, 선무문, 동화문, 서화문을 말하지."

省略号 [말줄임표] shěnglüèhào

문장에서 생략된 말을 표현합니다.

- "你看，短针指到这边就是十点啊……。"
  "봐봐, 짧은 바늘이 여기를 가리키면 바로 열 시인 거야……."

- "……你如果来到这里一定会疯了。"
  "……네가 만약에 이곳에 오게 된다면 틀림없이 미쳐버릴 거야."

破折号 [줄표] pòzhéhào

앞 문장과 배치되는 말을 하거나, 부연 설명을 할 때 씁니다.

- 那时还没有简体字，"济"字的繁体字非常难写——"濟"。
  그때는 아직 간체자가 없을 때라 济자의 번체자 —— 濟는 쓰기가 너무 어려웠다.

- 我现在相信她说的话了——这日子真是越过越快。
  나는 지금에 이르러 그녀의 말을 믿게 되었다 —— 하루하루가 갈수록 빠르게 지나간다.

书名号 [큰 묶음표, 큰 괄호] shūmínghào

문장에서 책, 영화, 노래, 글 제목 등에 쓰입니다.

- 电影《剃头匠》用记录的形式讲了一位老人平凡的生活。
  영화 〈이발사〉는 다큐멘터리 형식으로 한 노인의 평범한 생활을 그리고 있다.

- 他很喜欢看小说，尤其喜欢看《水湖传》。
  그는 소설을 즐겨 읽었는데, 특히 《수호전》을 좋아했다.

括号 [작은 괄호] kuòhào

문장에서 주석 부분을 나타냅니다.

- 天气非常冷(零下二十五度)，好像我们是活动在一个很大的冰箱里似的。
  날씨가 너무 추워서(영하 25도), 마치 우리가 아주 큰 냉장고 안에서 움직이는 것 같았다.

- 会来到雾布(Ubud)，其实只是因为C在春天寄给我的那封信。
  우부두(Ubud)에 온 건, 사실은 단순히 C가 봄에 내게 보낸 편지 때문이었다.

间隔号 [가운뎃점] jiàngéhào

날짜와 날짜 사이, 외국인의 이름 중간에 씁니다.

- 3·8国际劳动妇女节   3·8 국제 여성의 날

- 赫奈·马格里特(R. Magritte)是超现实主义画派里的魔法师。
  르네 마그리트는 초현실주의 화파의 마법사이다.

着重号 [드러냄표] zhuózhònghào

내용 중에서 강조하는 부분에 점을 찍어줍니다.

- 谁能回答这个问题?   누가 이 문제에 대해 대답할 수 있을까?

- 西湖风景秀丽。   시후는 풍경이 수려하다.

连接号 [이음표] liánjiēhào

시간, 지점, 숫자 등의 시작과 끝을 나타냅니다.

- 这个店为什么只要30~40岁的，而不要20~30岁的呢?
  이 가게에선 왜 30~40세만 뽑고, 20~30세는 뽑지 않는 걸까?

- 邓小平 (1904–1997) 伟大的马克思主义者，无产阶级革命家、政治家、军事家、外交家。
  덩샤오핑(1904–1997) 위대한 마르크스주의자, 프롤레타리아 혁명가, 정치가, 군사전문가, 외교가.

1과 중국어 문장을 만드는 6가지 문장 성분

사극을 보면 왕과 왕비, 신하, 궁녀 등 여러 배역이 있지요? 각 배역을 맡은 배우들도 있고요. 배우들은 원래 각자 개성을 가지고 있지만, 드라마에서 주어진 배역에 맞추어 연기를 합니다. 문장에서 품사와 문장 성분의 관계는 바로 배우와 배역의 관계와 같답니다. 품사는 각 단어들의 고유한 특성, 문장 성분은 그 단어가 맡은 역할이라고 볼 수 있습니다.

문장을 잘 만들기 위해서는 바로 이 문장 성분, 즉 단어들이 문장에서 어떤 역할을 하는지 잘 알아야 한답니다.

1. 시도하기 몸풀기 작문 연습! 시~작!

① 나는 학교에 가요.

①학교 学校 xuéxiào
가다 去 qù

② 이거 우리 형 책이야.

②책 书 shū

③ 빨리 내려와!

③내려오다 下来 xiàlai

④ 다음 주 목요일에 전 중국에 가요.

④다음 주 下星期 xiàxīngqī
목요일 星期四 xīngqīsì
중국 中国 Zhōngguó

⑤ 넌 뭐 사고 싶어?

⑤뭐 什么 shénme
사다 买 mǎi
~하고 싶다 想 xiǎng

⑥ 전 배불러요. 천천히 드세요.

⑥배부르다 饱 bǎo
천천히 慢 màn

2. 발견하기 중국어 어법의 세계로~!

1 문장 성분 보기

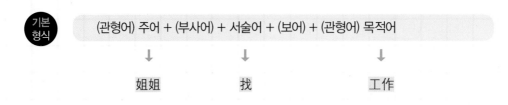

기본형식

(관형어) 주어 + (부사어) + 서술어 + (보어) + (관형어) 목적어

↓ ↓ ↓

姐姐 找 工作

확장형식

我 姐姐 已经 找 到 工作 了。

↓ ↓ ↓ ↓ ↓ ↓

관형어 (주어) 부사어 (서술어) 보어 (목적어)

↪ 我姐姐已经找到工作了。 우리 언니는 벌써 취직을 했다.

2 문장 성분의 특징

단어가 문장에서 어떤 역할을 하는지에 따라 문장 성분을 구분합니다.

我 昨天 晚上 看 完 这 本 书。

↓ ↓ ↓ ↓ ↓ ↓ ↓ ↓

대명사 명사 명사 동사 동사 대명사 양사 명사

我 昨天晚上 看 完 这本 书。 나는 어젯밤에 이 책을 다 읽었다.

↓ ↓ ↓ ↓ ↓ ↓

(주어) 부사어 (서술어) 보어 관형어 (목적어)

3 문장 성분을 파악할 때의 주의사항

1. 중국어 문장은 6대 문장 성분으로 이루어져 있습니다.

金　老师　跳　　舞　　跳得　非常　好。　　김 선생님께서는 춤을 아주 잘 추신다.
관형어 + 주어 + 서술어 + 목적어 + 서술어 + 부사어 + 보어

我　妹妹　大学　毕业　已经　三年了。　내 여동생은 대학을 졸업한 지 이미 삼 년이 됐다.
관형어 + 주어 + 목적어 + 서술어 + 부사어 + 　보어

2. 6대 문장 성분의 예를 분석해볼까요?

- 주어 : 我去学校。　　　　　　나는 학교에 가요. ← 시도하기 ❶
- 관형어 : 这是我哥哥的书。　　이거 우리 형 책이야. ← 시도하기 ❷
- 부사어 : 快下来吧!　　　　　빨리 내려와! ← 시도하기 ❸
- 서술어 : 下星期四我去中国。　다음 주 목요일에 전 중국에 가요. ← 시도하기 ❹
- 목적어 : 你想买什么?　　　　넌 뭐 사고 싶어? ← 시도하기 ❺
- 보어 : 我吃饱了，你们慢吃。　전 배불러요. 천천히 드세요. ← 시도하기 ❻

3. 같은 단어라도, 문장 속 역할이 다르면 문장 성분이 달라집니다.

哎! 快下来吧!　　　　　　　어이, 빨리 내려와! (부사어)

他跑步跑得非常快。　　　　　그는 아주 빨리 달린다. (보어)

4. 문장 형식에 따라, 어떤 문장 성분이 없는 경우도 있습니다.

他很帅。　　　　　　　　　그 사람은 아주 잘생겼어요. (목적어/보어/관형어 없음)

快下来吧!　　　　　　　　빨리 내려와! (주어/목적어/보어/관형어 없음)

3. 검토하기  아~ 이게 이거였구나~!

① 그림 그리기가 내 취미예요.

⇨ 画画是我的爱好。
　　　　주어

　　응용표현 담배를 피우는 것抽烟은 건강에 안 좋아요.

　　⇨ _____

② 언니는 올해 스물세 살입니다.

⇨ 姐姐今年二十三岁。
　　　　　　서술어

　　응용표현 오늘은 금요일이야.

　　⇨ _____

③ 그 사람은 중국어를 그리 유창하게 못 해요.

⇨ 他汉语说得不太流利。
　　목적어

　　응용표현 나는 중국 노래中文歌를 잘 불러요.

　　⇨ _____

④ 그는 휴대폰을 가지고 있고, 카메라도 가지고 있어요.

⇨ 他有手机，也有照相机。
　　　　　　부사어

　　응용표현 우리 오빠는 춤을 추고, 노래도也 해요.

　　⇨ _____

⑤ 내 여동생이 타는 자전거는 내 거야.

⇨ **我妹妹骑的自行车是我的。**
　　　　　　관형어

　　응용표현 네가 입은 你穿的 스웨터 정말 예쁘다.

⇨ _____

⑥ 나는 영문소설을 세 시간 동안 봤어.

⇨ **我看了三个小时英文小说。**
　　　　　　　　보어

　　응용표현 나는 중국에 세 번 三次 가봤어.

⇨ _____

⑦ 교실 안으로 청바지를 입은 두 명의 여학생이 걸어 들어왔다.

⇨ **教室里走进来两个穿着牛仔裤的女学生。**
　　　　　　　　　　　　복수 관형어

　　응용표현 외국으로 여행 가는 건 사람들을 즐겁게 해주는 让人高兴的 일이지.

⇨ _____

⑧ 우리 할아버지는 요즘 자주 감기에 걸리신다.

⇨ **我爷爷最近经常感冒。**
　　　　　복수 부사어

　　응용표현 그는 어제 이미 자기 아빠랑 같이 昨天已经跟他爸爸一起 부산에 갔어.

⇨ _____

4. 교정 연습 앗! 나의 실수~

1 常常我们去旅行。 →

2 我爸爸看报纸在客厅里。 →

3 这是我书包，那是你的。 →

4 我去过一次医院看他。 →

5. 활용하기 나의 작문 실력 뽐내기

다음 단어로 멋진 문장을 만들어볼까요?

1 到 我家 一 要 学校 从 小时 个

→ _____

2 这 照片 张 照 漂亮 得 非常

→ _____

3 你 来 按时 这儿 应该

→ _____

여러분의 작문 실력을 보여주세요~

4 저는 2층二楼에 사는 그 여학생을 찾으려고找 하는데요.

→ _____

5 많은 사람들이 그런那样 운동화 신는 걸 좋아해.

→ _____

6 그 남학생은 상심해서伤心得 눈물眼泪을 흘렸다.

→ _____

7 그의 병은 이미已经 나았어.

→ _____

난 중국어가 좋아, 물론 중국도 좋아하지.

중국어가 조금 어렵긴 하지만,

그래도 참 재미있어.

아무래도 중국어와 난 찰떡궁합인가 봐.

중국어, 앞으로 잘 지내보자고.

나도 열심히 할게!

다음 단어들을 이용하여 일기를 써보세요!

조금 有点儿 yǒudiǎnr | 어렵다 难 nán |
재미있다 有意思 yǒu yìsi |
잘 어울리다, 찰떡궁합이다 挺配的 tǐng pèi de |
잘 지내다 好好儿相处 hǎohāor xiāngchǔ

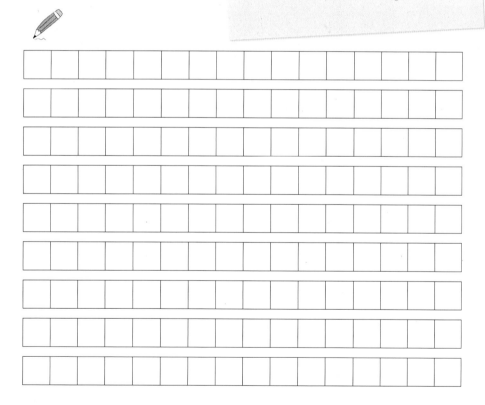

		我	喜	欢	汉	语	，	当	然	了	，	也	喜	欢	中

	国	。													

		虽	然	汉	语	一	点	儿	难	，	但	很	有	意	思 。

↘ 有点儿 　一点儿은 수량사이고, 有点儿은 부사이다.
서술어를 수식할 때는 부사인 有点儿을 써야 한다.

		也	许	，	我	和	汉	语	是	挺	搭	的	吧	。	

↘ 配

		汉	语	啊	，	我	们	以	后	好	好	儿	过	吧	。

过는 생일 등 특별한 날을 '보내다, 지내다'라는 의미이다.　　↘ 相处
서로 잘 '지내다'라고 할 때는 相处라고 한다.

		我	也	会	好	好	儿	学	习	。					

的　앞으로 어떻게 하겠다는 가능성을 표현할
때는 '会…的'의 형식으로 쓴다.

2과 다리를 놓아주는 구조조사 的·地·得

전래동화 '견우와 직녀'를 보면 칠석날 둘을 만날 수 있게 도와주는 아름다운 다리 '오작교'가 나오지요? 구조조사(结构助词)는 바로 이 오작교처럼 단어와 단어 사이에 다리를 놓는 커플 매니저라고 할 수 있답니다. 的는 관형어, 地는 부사어, 得는 보어를 만들 때 다리 역할을 하지요. 구조조사를 바르게 사용해서 짝이 잘 맞춰진 문장을 만들어봅시다.

1. 시도하기　몸풀기 작문 연습! 시~작!

① 이것은 나의 중국어 책이다.

> ① 중국어 책
> 汉语书 Hànyǔ shū

② 저것은 내 휴대폰이다.

> ② 휴대폰 手机 shǒujī

③ 밖에 바람이 계속 불고 있다.

> ③ 계속 不停地 bùtíng de
> 불다 刮 guā

④ 그는 천천히 일어섰다.

> ④ 천천히
> 慢慢地 mànmān de

⑤ 그는 영어를 아주 유창하게 한다.

> ⑤ 유창하다 流利 liúlì
> 정도보어 구조조사 得 de

⑥ 이 음식들을 너 혼자서 먹을 수 있어?

> ⑥ 혼자서 一个人 yí ge rén
> 먹을 수 있다
> 吃得了 chī de liǎo

2. 발견하기 중국어 어법의 세계로~! ③

1 구조조사 맛보기

 기본 형식

1. 的

这是我的汉语书。　　　　　이것은 나의 중국어 책이다. ← 시도하기 ①
　　↖ 汉语书를 꾸며주는 관형어로 목적어 수식

那是我的手机。　　　　　저것은 내 휴대폰이다. ← 시도하기 ②
　　↖ 手机를 꾸며주는 관형어로 목적어 수식

2. 地

外边风不停地刮着。　　　　밖에 바람이 계속 불고 있다. ← 시도하기 ③
　　↖ 刮着를 꾸며주는 부사어로 쓰임

3. 得

他英语说得非常流利。　　　그는 영어를 아주 유창하게 한다. ← 시도하기 ⑤
　　↖ 서술어 说와 정도보어 流利 연결

这些菜你一个人吃得了吗?　이 음식들을 너 혼자서 먹을 수 있어? ← 시도하기 ⑥
　　↖ 서술어 吃와 가능보어 了 연결

2 구조조사의 특징

구조조사는 단어와 단어 사이를 연결해주는 역할을 합니다. 的는 관형어를 만들 때, 地는 부사어를 만들 때, 得는 서술어를 보어와 연결할 때 쓰입니다.

你买的苹果真好吃。　　　　네가 산 사과 참 맛있다.
他慢慢地站起来了。　　　　그는 천천히 일어섰다. ← 시도하기 ④
他跳舞跳得很好。　　　　　그는 춤을 잘 춘다.
哥哥下午能回得来。　　　　오빠는 오후에 돌아올 수 있다.

3 的·地·得를 이용한 작문 핵심 Point

1. 的의 쓰임새와 주의할 점

① 的가 들어가는 구조는 주어, 관형어, 목적어로 쓰입니다.

你买的都坏了。　　　　　　　네가 산 것들은 다 상했어. (주어)

他的叔叔是出租车司机。　　　그의 삼촌은 택시 기사입니다. (관형어)

这是我姐姐的。　　　　　　　이것은 우리 언니 거야. (목적어)

② 的를 생략할 수 있는 경우를 잘 알아둡시다.

- 대명사 这, 那, 什么, 多少 뒤 : 这小子 이 녀석, 那天 그날, 什么东西 무슨 물건, 多少钱 얼마인가요
- 수량사 뒤 : 一位老师 한 분의 선생님, 三只狗 세 마리의 개
- 단음절 형용사 뒤 : 大公司 큰 회사, 红苹果 빨간 사과
- 재료나 성질을 나타내는 명사 뒤 : 木头箱子 목재 상자
- 가족이나 친척, 친구, 소속을 나타내는 명사 뒤 : 我妈妈 우리 엄마, 我们公司 우리 회사

2. 地의 쓰임새와 주의할 점

① 부사 뒤에는 대부분 地를 쓰지 않지만, 몇몇 이음절 부사의 경우 地를 동반합니다.

他们对我非常地热情。　　　그들은 나에게 아주 다정하게 대해준다.

② 부사어가 이음절 형용사 또는 형용사 중첩형일 때는 地를 꼭 써야 합니다.

她高兴地说 : "我考上大学了。"　그녀는 기뻐하며 "나 대학에 붙었어요"라고 말했다.

他看着我, 傻傻地笑。　　　그는 나를 바라보며 바보처럼 웃었다.

③ 각종 구가 부사어로 쓰일 때는 地를 동반합니다.

妈妈一直不停地说。　　　　엄마는 줄곧 쉬지 않고 말씀하셨다.

④ 명사가 부사어로 쓰일 때는 地를 동반합니다.

我们要客观地看这个问题。　우리는 이 문제를 객관적으로 보아야 해.

3. 得의 쓰임새와 주의할 점

得가 정도보어와 가능보어를 연결할 때, 得는 반드시 서술어 뒤에 위치합니다.

① 그는 중국어를 잘한다.　他说汉语说得很好。(○)　他说汉语得很好。(×)

② 이 음식들을 너 혼자서 먹을 수 있어?　这些菜你一个人吃得了吗? (○)
　　　　　　　　　　　　　　　　　　　这些菜你一个人吃了得吗? (×)

3. 검토하기 아~ 이게 이거였구나~!

① 내 컴퓨터는 새로 산 거야.

⇨ **我的电脑是新买的。**

명사+관형어 연결

> **응용표현** 이 바지는 내가 가장 좋아하는 我最喜欢的 옷이야.
>
> ⇨ _____

② 나는 단지 아주 살짝 그녀와 부딪혔을 뿐이라고요.

⇨ **我只是很轻地碰了她一下。**

부사+형용사+부사어 연결

> **응용표현** 그는 아주 정확하게 很准地 내 자리를 찾았다.
>
> ⇨ _____

③ 그 사람은 농구를 아주 잘해요.

⇨ **他打篮球打得非常好。**

서술어+목적어+서술어+정도보어 연결

> **응용표현** 그 사람은 배구를 打排球打得 잘해요.
>
> ⇨ _____

④ 네 여동생 귀엽지?

⇨ **你妹妹可爱吧?**

的 생략(친족관계)

> **응용표현** 우리 오빠는 기타 吉他 치는 걸 좋아해.
>
> ⇨ _____

⑤ 이 강아지는 편안하게 소파에 누워 있다.

⇨ **这只小狗舒服地躺在沙发上。**

이음절 형용사+地

> **응용표현** 그는 유쾌하게愉快地 웃었다.

⇨ _____

⑥ 그 친구 짐은 많고, 내 것은 많지 않다.

⇨ **他的行李很多，我的不多。**

소유대명사 (~의 것)

> **응용표현** 이건 네 것이 아니야, 내 것이라고.

⇨ _____

⑦ 주말 어떻게 보냈어?

⇨ **周末过得怎么样?**

서술어+정도보어 연결

> **응용표현** 휴가기간 동안 아주 유쾌하게非常愉快 놀았어.

⇨ _____

⑧ 이 셔츠 별로 안 비싸네, 나 살 수 있어.

⇨ **这件衬衫不太贵，我买得起。**

서술어+가능보어 연결+보어

> **응용표현** 지금 가면, 오늘 저녁 때 돌아올 수 있어요回得来.

⇨ _____

4. 교정 연습

1 她有一双非常漂亮眼睛。 →

2 他深深得爱上了婷婷。 →

3 他游泳游的很好。 →

4 这篇文章不太难，我看的懂。 →

5. 활용하기

다음 단어로 멋진 문장을 만들어볼까요?

1 朋友　的　是　谁　日本人

→ _____

2 他　说　非常　地道　得　汉语

→ _____

3 他们　地　坐　椅子　上　在　默默

→ _____

여러분의 작문 실력을 보여주세요~

4 이것은 우리 아빠가 외국에서从国外 사오신 선물礼物이야.

→ _____

5 우리 반 친구들은 다 열심히认真地 공부한다.

→ _____

6 오늘은 자네가 너무 일찍 왔는걸来得, 이 군小李은 아직 안 왔네.

→ _____

7 오후 다섯 시 전에之前 돌아올 수 있니能回得来?

→ _____

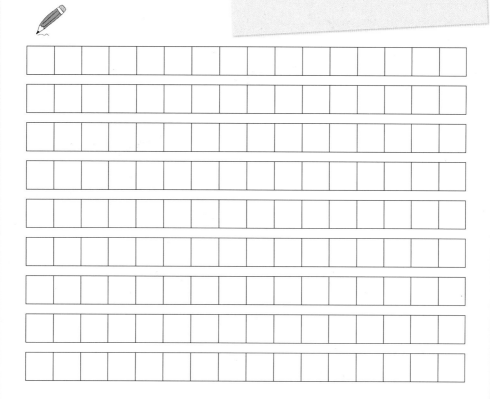

도전! 나만의 심플 다이어리

내 취미는 그림 그리기야.

잘 그리냐고? 그냥 그럭저럭 그려. 히히~

그래도 정말 열심히 그리고 있다고.

가끔은 내 그림을 친구에게 선물하기도 해.

왜, 너한테도 한 점 달라고?

그래 알았어, 네 생일 때 선물할게.

다음 단어들을 이용하여 일기를 써보세요!

취미 爱好 àihào | 그림 그리기 画画 huà huà |
그럭저럭 还可以 hái kěyǐ | 한 점 一幅 yì fú |
생일 生日 shēngrì

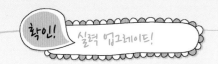

我 的 爱 好 是 画 画 。

你 想 知 道 我 画 得 怎 么 样 ？ 我 画 得

还 可 以 吧 。 嘻 嘻 ~

我 非 常 努 力 画 画 。

地 '부사+이음절 형용사'가 부사로 쓰일 때는
반드시 구조조사 地를 동반해야 한다.

偶 尔 ， 我 把 我 的 画 送 给 朋 友 。

会 '~하는 경우가 있다'라고 할 때는
把 앞에 조동사 会를 써주는 것이 더 좋다.

为 什 么 ， 你 也 要 一 幅 啊 ？

怎么 어떤 상황에 대한 직접적인 이유를 묻는 것이 아니라,
상대의 마음을 떠보는 것이므로, 怎么를 써주는 것이 좋다.

好 的 ， 你 过 生 日 的 时 候 送 你 做 礼

一幅

物 吧 。

무엇보다 제대로 써야 하는 숫자 표현

주소, 차량 번호, 휴대폰 번호, 나이, 기념일 그리고 돈까지, 우리 생활에서 숫자는 떼려야 뗄 수 없습니다. 이 과에서는 숫자를 표현하는 단어, 수사(数词)를 바르게 사용하는 법을 익힐 거예요. 정수, 서수, 분수, 배수, 백분율, 어림수 등 다양한 수사를 만나봅시다.

1. 시도하기 　몸풀기 작문 연습! 시~작!

① 8 더하기 5는 13이다.

① + 加 jiā
= 等于 děngyú

② 이튿날 이른 아침에 그들은 바로 떠났다.

② 이튿날 第二天 dì-èr tiān
이른 아침 清晨 qīngchén

③ 그는 오늘 커피 두 잔을 마셨다.

③ 커피 咖啡 kāfēi
두 잔 两杯 liǎng bēi

④ 나는 미국에서 일 년 넘게 살고 있다.

④ 일 년 넘게
一年多 yì nián duō
살다 住 zhù

⑤ 이 도로는 길이가 1,000미터 정도이다.

⑤ 미터 米 mǐ
정도 左右 zuǒyòu

⑥ 이 상품들은 모두 20% 할인합니다.

⑥ 20% 할인
打八折 dǎ bā zhé

2. 발견하기 중국어 어법의 세계로~!

1 수사의 종류

기본 형식

- 정수 : 一(1), 二(2), 三(3), 十(10)

- 서수 : 第一次(첫 번째), 大姐(큰언니)

- 분수 : 二分之一($\frac{1}{2}$), 五分之三($\frac{3}{5}$)

- 배수 : 两倍(두 배), 三倍(세 배)

- 백분율 : 百分之三十(30%), 百分之一百(100%)

- 어림수 : 三四个(서너 개), 一年多(일 년여), 一米八左右(1미터 80 정도)

2 수사의 쓰임

수사는 문장에서 주어, 서술어, 목적어, 관형어로 쓰입니다.

六是我最喜欢的数字。	6은 내가 가장 좋아하는 숫자야. (주어)
九九八十一。	9 곱하기 9는 81이다. (서술어)
这是八。	이것은 8이다. (목적어)
我买了三斤苹果。	나는 사과 세 근을 샀어. (관형어)

3 수사를 마스터하기 위해 반드시 알아야 할 것들

1. 수사의 종류에는 여러 가지가 있습니다.

八加五等于十三。	8 더하기 5는 13이다. (정수)	시도하기 ❶
第二天清晨他们就走了。	이튿날 이른 아침에 그들은 바로 떠났다. (서수)	시도하기 ❷
他今天喝了两杯咖啡。	그는 오늘 커피 두 잔을 마셨다. (二이 两으로 바뀐 형태)	시도하기 ❸
我在美国住了一年多了。	나는 미국에서 일 년 넘게 살고 있다. (어림수 多)	시도하기 ❹
这条马路长一千米左右。	이 도로는 길이가 1,000미터 정도이다. (어림수 左右)	시도하기 ❺
这些商品都打八折。	이 상품들은 모두 20% 할인합니다. (할인율)	시도하기 ❻
工作效率提高了三倍。	업무 효율이 세 배가 향상되었다. (배수)	

这么做时间会缩短二分之一。　　　이렇게 하면 시간이 2분의 1로 줄어들 거야. (분수)

产品产量比去年增加了百分之三十。　　제품 생산량이 작년보다 30% 증가했어요. (백분율)

2. 읽을 때 주의해야 하는 수사

① 0은 어떻게 읽나요?

0이 가운데 있을 때는 읽고, 끝자리에 있을 때는 읽지 않아도 됩니다.

100 : 一百　　　　110 : 一百一十　　　　102 : 一百零二

② 2는 二로 읽나요, 两으로 읽나요?

20은 二로, 200은 二과 两 모두 가능합니다. 2,000부터는 两으로 읽습니다.

20 : 二十　　　　200 : 二百 (○)　两百 (○)

2,000 : 两千　　　20,000 : 两万

화폐 단위에 쓰이거나, 양사와 결합할 때는 两으로 읽습니다.

2.00元(两元)　　　　2위엔 (화폐 단위)

我有两个妹妹。　　　나는 여동생이 두 명 있어. (2+양사 个)

我们两点半见吧。　　우리 두 시 반에 만나자. (2+양사 点)

> ＊ 2가 도량형과 함께 쓰일 때는 二과 两으로 다 읽을 수 있습니다.
> 2斤苹果(사과 두 근) : 二斤苹果，两斤苹果 모두 가능

3. 연도와 전화번호, 차량 번호 등은 숫자를 하나씩 떼어서 읽습니다.

我的手机号码是01087880132。[líng yāo líng bā qī bā bā líng yāo sān èr]
내 휴대폰 번호는 01087880132입니다.

2024年 [èr líng èr sì]　2024년

这辆汽车的牌照是: 京 G98821。[jiǔ bā bā èr yāo]
이 차의 번호는 京 G98821이다.

3. 검토하기 아~ 이게 이거였구나~!

① 나는 새벽 두 시에서야 잠을 잤어.

⇨ **我凌晨两点才睡。**

2+양사

> 응용표현 난 남동생이 두 명两个이에요. (2+양사는 两 사용)
>
> ⇨ _____

② 나 방금 전에 우유 반 잔 마셨어.

⇨ **我刚才喝了半杯牛奶。**

수사 半

> 응용표현 내일 오전 열 시 반十点半에 여기 도착하시면 돼요. (수사 半)
>
> ⇨ _____

③ 나야 너를 200% 믿지.

⇨ **我是百分之二百相信你的。**

백분율

> 응용표현 생산량이 작년 동기대비 13.5%百分之十三点五 늘었다.
>
> ⇨ _____

④ 둘째 오빠 돌아왔어요?

⇨ **二哥回来了吗?**

서수

> 응용표현 저는 여기 처음第一次 왔어요.
>
> ⇨ _____

⑤ 올 판매액은 작년보다 5분의 2가 감소했어요.

⇨ **今年销售额比去年减少了五分之二。**

분수

> 응용표현 해양면적은 대략 지구 총면적의 4분의 3을 차지한다约占了.
>
> ⇨ _____

⑥ 그는 예닐곱 된 아이 손을 잡고 있다.

⇨ **他手里牵着个六七岁的孩子。**

어림수

> 응용표현 매일 사과 한두 개一两个만 먹으면 충분해요.
>
> ⇨ _____

⑦ 이 옷들은 아주 싸서, 난 360위엔밖에 안 썼어요.

⇨ **这些衣服特别便宜，我一共花了三百六。**

화폐 단위

> 응용표현 나한테 50위엔밖에 없어요.
>
> ⇨ _____

⑧ 그 친구는 키가 1미터 80 정도 되는데, 많이 말랐어요.

⇨ **他身高一米八左右，却很瘦。**

어림수

> 응용표현 이번에 그는 모두 합쳐 15kg 정도를 뺐어요. (어림수 표기)
>
> ⇨ _____

4. 교정 연습 앗! 나의 실수~

1 我们下午二点见面吧。 →

2 这是五千零零八块钱。 →

3 我在北京住了三多年。 →

4 那是五分一。 →

5. 활용하기 나의 작문 실력 뽐내기

다음 단어로 멋진 문장을 만들어볼까요?

1 到　整整　他们　一年　了　上海　半

　→ _____

2 这　东西　些　三十六　一共　块　五

　→ _____

여러분의 작문 실력을 보여주세요~

3 이 옷은 30% 할인打折합니다.

　→ _____

4 오늘 견학参观 온 사람은 30명 정도左右이다.

　→ _____

5 올해 사과 생산량产量은 작년보다比 세 배가 늘었다增加.

　→ _____

6 둘째 언니가 베이징 대학에 붙었다考上.

　→ _____

오늘은 토요일. 친구들과 등산을 가기로 했다.

오전 아홉 시 반, 아차산역 3번 출구에서 만나기로 했는데,

녀석들 여전히 지각이다.

어이, 친구들, 시간 약속 좀 지키고 삽시다!

시간은 돈이라고.

얼씨구, 못 들은 척하겠다, 너희들 그러다 죽는당!

다음 단어들을 이용하여 일기를 써보세요!

산에 오르다 爬山 pá shān |
아차산 역 峨嵯山站 Écuóshān zhàn |
출구 出口 chūkǒu | 지각하다 迟到 chídào |
약속을 지키다 守约 shǒuyuē | ~척하다 装 zhuāng

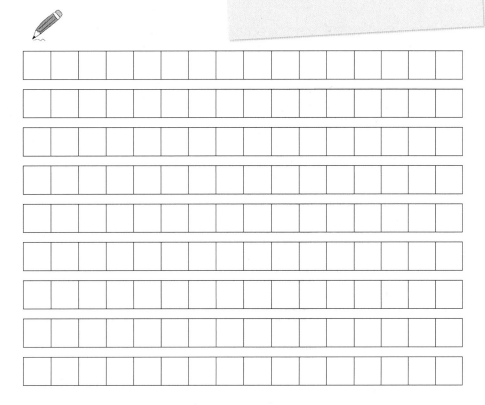

| | | 今 | 天 | 是 | 星 | 期 | 六 | 。 | 我 | 跟 | 朋 | 友 | 们 | 说 | 好 |

| 去 | 爬 | 山 | 。 | | | | | | | | | | | | |

| | | 上 | 午 | 九 | 半 | 点 | , | | 我 | 们 | 约 | 好 | 在 | 峨 | 嵋 | 山 |

> 몇 시에 해당하는지 먼저 표기하고,
> 그다음에 30분을 의미하는 半이 온다.

| 站 | 三 | 号 | 出 | 口 | 见 | 面 | , | 可 | 是 | 他 | 们 | 还 | 是 | 迟 | 到 。 |

| | | 哎 | , | 哥 | 们 | , | 守 | 约 | 吧 | 守 | 约 | ! | | | |

> 아주 친한 사이를 말할 때 哥们이란 표현을 많이 쓴다.
> (주로 남자들 사이에 쓰는 단어임)

| | | 时 | 间 | 就 | 是 | 金 | 钱 | 嘛 | 。 | | | | | | |

> 어떤 사실이 당연하다고 강조할 때
> 어기조사 嘛를 쓴다.

| | | 哟 | , | 你 | 们 | 还 | 听 | 不 | 懂 | 啊 | , | 你 | 们 | 死 | 顶 |

装 '~인 척하다'라는 뜻의
동사 装을 쓴다.

定

| 了 | ! | | | | | | | | | | | | | | |

| | | | | | | | | | | | | | | | |

4과 굴비 한 두름은 몇 마리? 양사 표현

오늘도 아침은 시리얼 한 그릇으로 먹는 둥 마는 둥, 부랴부랴 회사에 도착했습니다. 우왓! 옆 자리 동료가 따끈따끈한 토스트 한 조각을 건네네요. 감동의 눈물 주르륵~! 점심 먹고 딸기 주스 한 잔 쏘는 센스는 필수겠죠?

한 그릇, 한 조각 등과 같이 사람이나 사물의 수량이나 동작의 횟수를 나타내는 단어를 '양사 (量词)'라고 합니다. 자연스러운 중국어 문장을 쓰기 위해서는 능수능란한 양사 사용이 필수죠.

1. 시도하기 　몸풀기 작문 연습! 시~작!

① 나는 중국 친구가 세 명 있어.

①세 명 三个 sān ge

② 책상 위에 책 몇 권이 놓여 있습니다.

②몇 几 jǐ
권 本 běn
놓여 있다 放着 fàngzhe

③ 이 영화 난 벌써 세 번이나 봤어요.

③이 영화 这部电影 zhè bù diànyǐng
이미 已经 yǐjīng
번 遍 biàn

④ 어제 비가 한차례 내리더니, 오늘 많이 쌀쌀해졌네요.

④비가 내리다 下雨 xià yǔ
차례 场 cháng
춥다 冷 lěng

⑤ 밍밍明明아, 좀 더 먹어.

⑤좀 点儿 diǎnr
~해라 吧 ba

⑥ 듣자 하니, 어떤 사람들은 겨울 수영을 좋아한대요.

⑥어떤, 몇몇 有些 yǒuxiē
겨울 수영 冬泳 dōngyǒng

2. 발견하기 중국어 어법의 세계로↷!

1 양사의 종류

양사에는 명사를 셀 때 쓰는 명량사(名量词), 동작의 횟수를 나타내는 동량사(动量词), 불특정한 양을 표현하는 부정양사(不定量词)가 있습니다.

기본형식

1. 명량사

两**个**朋友 친구 두 명	三**杯**咖啡 커피 세 잔
桌子上放着几**本**书。	책상 위에 책 몇 권이 놓여 있습니다. ←시도하기 ②

2. 동량사

等我**一下** 나 좀 기다려줘	吃了两**顿** 두 끼 먹었다
这部电影我已经看过三**遍**了。	이 영화 난 벌써 세 번이나 봤어요. ←시도하기 ③
昨天下了一**场**雨, 今天冷多了。	어제 비가 한차례 내리더니, 오늘 많이 쌀쌀해졌네요. ←시도하기 ④

3. 부정양사

喝了**点儿**水 물을 좀 마시다	买了**些**书 책을 좀 사다
明明, 再吃**点儿**吧。	밍밍아, 좀 더 먹어. ←시도하기 ⑤
听说, **有些**人喜欢冬泳。	듣자 하니, 어떤 사람들은 겨울 수영을 좋아한대요.
	←시도하기 ⑥

2 양사의 쓰임

양사는 문장에서 주어, 관형어, 목적어, 부사어, 보어로 쓰일 수 있습니다.

一**个**多少钱?	하나에 얼마예요? (주어)
我买了一**本**书。	난 책을 한 권 샀어. (관형어)
我想买三**斤**。	전 세 근을 사려고요. (목적어)
他要一**次**做好。	그는 한 번에 끝내려고 한다. (부사어)
你得去一**趟**上海。	자네 상하이에 한 번 다녀와야겠어. (보어)

3 놓치면 억울하다! 양사 관련 주의사항

1. 수사나 지시대명사가 명사를 수식할 때는 그 사이에 반드시 양사를 써야 합니다.

   나는 중국 친구가 세 명 있어. 我有三个中国朋友。(○) 我有三中国朋友。(×) ← 시도하기 ❶

   이 책 정말 재미있다. 这本书很有意思。(○) 这书很有意思。(×)

2. 양사로 수량을 표기했다면, 별도로 복수형을 쓰지 않습니다.

   선생님 다섯 분 五位老师 (○) 五位老师们 (×)

3. 수사와 양사 사이에는 다른 성분이 들어갈 수 없습니다.

   형(오빠) 한 명 一个哥哥 (○) 一大个哥哥 (×)

4. 부정양사는 수사 가운데 오직 一와 결합합니다.

   약간의 물 一点儿水 과일 조금 一些水果

5. 这, 那, 哪 뒤에는 부정양사 点儿과 些를 쓸 수 있습니다.

   이 물건들 这点儿东西 저 꽃들 那些花 어느 곳 哪些地方

6. 수사가 양사의 성질을 가진 명사를 수식하고 있다면, 양사를 쓰지 않습니다.

   하루 一天 (○) 一个天 (×)

   일 년 一年 (○) 一个年 (×)

7. 양사 및 '수사+양사' 구조는 중첩할 수 있습니다.

   我们商店的鱼, 条条新鲜。 우리 상점의 생선은 모두 신선해요.

   你们一个一个地来。 한 사람씩 오세요.

3. 검토하기 아~ 이게 이거였구나~!

① 이 옷 너한테 참 잘 어울린다.

⇨ **这件衣服很适合你。**

　　옷의 양사 件

> **응용표현** 이 일이这件事 나를 감동시켰어요.
>
> ⇨ _____

② 사과는 한 근에 3.5위엔인데, 손님 얼마나 사시게요?

⇨ **苹果一斤三块五，你要几斤?**

　　도량형 斤(500g)

> **응용표현** 녹차 50g 사려고요. (一两=50g)
>
> ⇨ _____

③ 그녀는 한바탕 펑펑 울고 싶었다.

⇨ **她想痛痛快快地哭一场。**

　　　　　　　　　　동량사

> **응용표현** 일본 팀은 두 번两场의 게임比赛에서 졌다. (동량사 场)
>
> ⇨ _____

④ 너 뭐 좀 먹을래?

⇨ **你想吃点儿什么呢?**

　　　　　　부정양사

> **응용표현** 이 음식이 조금一点儿 달군요.
>
> ⇨ _____

⑤ 우리는 지난 회 졸업생인데, 여러분은 신입생이죠?

⇨ **我们是上一届的毕业生，你们是新生吧?**

명량사

응용표현 제29회届 올림픽이 베이징에서 개최되었다. (수사+명량사 어순)

⇨ _____

⑥ 우리 집엔 아주 귀여운 고양이 한 마리가 있어.

⇨ **我家有一只非常可爱的小猫。**

명량사

응용표현 나 정말 강아지 한 마리 키우고 싶다.

⇨ _____

⑦ 나 방금 전에 모기한테 한 방 물렸어.

⇨ **我刚才被蚊子咬了一口。**

동량사

응용표현 나 너무 목이 말라, 물 한 모금 마시고 싶어. (喝一口水)

⇨ _____

⑧ 이것들 모두 산타 할아버지가 네게 주신 선물이야.

⇨ **这些都是圣诞老爷爷给你的礼物。**

부정양사

응용표현 네 발음 전보다 좀些 좋아졌는데好了. (서술어+부정양사+보어 어순)

⇨ _____

4. 교정 연습 앗! 나의 실수~

1 那个书是我的。 →

2 我会说有点儿日语。 →

3 我听说过这里一些的情况。 →

4 你在这儿等我一次。 →

5. 활용하기 나의 작문 실력 뽐내기

다음 단어로 멋진 문장을 만들어볼까요?

1 我 了 三 葡萄 斤 买

→ _____

2 奶奶 好 的 病 些 了

→ _____

3 我 遇到 一次 过 在 他 火车站附近

→ _____

여러분의 작문 실력을 보여주세요~

4 나는 개 한 마리只와 고양이 한 마리를 키우고养 싶어.

→ _____

5 제가 가서 과일 좀点儿 사올게요.

→ _____

6 오늘 나 한 끼顿밖에只 못 먹었어.

→ _____

7 그는 나한테 한 마디一声 말도 없이 귀국해回国 버렸어요.

→ _____

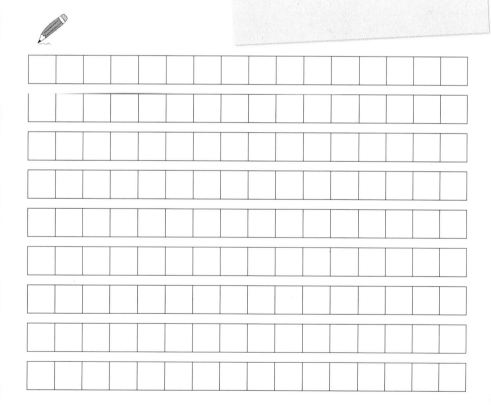

이 옷들은 누가 산 거지?

너 또 혼자 백화점에 갔었구나?

가기 전에 나한테 얘기 좀 해주지 그랬어.

나도 카디건 하나 사고 싶었는데.

요즘 백화점 세일하니? 왜 이렇게 많이 샀어?

이 옷 딱 내 스타일인데, 나 좀 입으면 안 될까?

다음 단어들을 이용하여 일기를 써보세요!

혼자서 一个人 yí ge rén | 카디건 毛衣 máoyī |
세일하다 搞打折活动 gǎo dǎzhé huódòng |
입다 穿 chuān

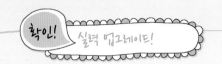
这 些 衣 服 是 谁 买 的 ?

你 又 是 一 个 人 去 百 货 商 店 了 吧 ?

你 去 之 前 应 该 告 诉 我 一 句 才 对 。

一声 '한마디 해주다'로
쓰일 때는 一声으로 쓴다.

我 也 想 买 一 件 毛 衣 呢 。

最 近 百 货 公 司 搞 打 折 活 动 吗 ? 买

어떤 행사나 이벤트를 할 때는
동사 搞를 써주어야 한다.

了 这 么 多 干 吗 呢 ?

这 件 衣 服 正 好 是 我 喜 欢 的 , 能 不

能 让 我 穿 上 它 ?

5과 판단하고 긍정하는 是字句

　　중국어의 동사 가운데, 영어의 be동사처럼 '~이다'라고 '판단하고 긍정하는' 동사가 있습니다. 是가 바로 그런 동사입니다.

　　책을 읽거나 밥을 먹는 '동작'을 설명하는 데는 쓸 수 없고, '저 애가 내 친구야'라거나, '저분은 우리 선생님이에요'라고 할 때 쓸 수 있는 것이지요. 是는 的와 짝을 이뤄, '是…的' 형식을 통해 여러 가지 강조의 뜻을 나타내기도 합니다.

1. 시도하기 몸풀기 작문 연습! 시~작!

① 그는 중국인이에요.

> ① ~이다 是 shì

② 그는 선생님이 아니라, 앵커입니다.

> ② 선생님 老师 lǎoshī
> 앵커 主持人 zhǔchírén

③ 내 친구는 어제 온 거예요.

> ③ ~한 것이다
> 是…的 shì…de

④ 내 강아지는 상점에서 산 게 아니에요.

> ④ 강아지 小狗 xiǎogǒu
> ~한 게 아니다
> 不是…的 bú shì…de

⑤ 그가 근시인 것은 TV를 봐서 그런 것이다.

> ⑤ ~한 것이다 (원인 설명)
> 是…的 shì…de
> 근시 近视 jìnshì

⑥ 날씨가 좋긴 좋은데, 조금 춥네.

> ⑥ 좋긴 좋은데, 하지만
> 好是好, 不过…
> hǎo shì hǎo, búguò…

2. 발견하기 중국어 어법의 세계로~!

1 是字句 맛보기

기본형식

他是中国人。   그는 중국인이에요. ←〔시도하기 ①〕
   ↖ ~이다

他不是中国人。   그는 중국인이 아니에요.
    ↖ ~가 아니다

是는 '판단과 긍정'을 표현하는 판단동사입니다. 그러므로 是字句에는 동작동사가 별도로 들어가지 않습니다.

확장형식

我朋友是昨天来的。   내 친구는 어제 온 거예요. ←〔시도하기 ③〕
     ↖ 是…的 강조용법 (시간 강조)

我朋友不是昨天来的。   내 친구는 어제 온 게 아니에요.
     ↖ 是…的 부정형

是 뒤에는 보어를 쓸 수 없으며, 동태조사 '了, 着, 过'도 쓸 수 없습니다.

2 是字句를 파악할 때의 주의사항

1. 是字句의 부정형은 不是로 씁니다.

   她不是我朋友。   그 앤 제 친구가 아니에요.

   他不是老师，是主持人。   그는 선생님이 아니라, 앵커입니다. ←〔시도하기 ②〕

2. 是字句의 정반의문문은 是不是로 씁니다.

   你是不是学生?   당신은 학생입니까?

   你是学生不是?   당신은 학생입니까?

   你是学生，是不是?   당신은 학생이죠, 그렇죠?

3. '是…的' 강조용법의 쓰임

① 시간, 동작, 방식을 강조합니다.

他是今天上午到的。　　　　　　　그 사람은 오늘 오전에 도착한 거예요.

我是坐车去的。　　　　　　　　　저는 차 타고 왔어요.

他是从美国来的。　　　　　　　　저 사람은 미국에서 왔어요.

② 화자의 관점이나 의견을 표명합니다.

我们的水果当然是新鲜的。　　　　우리 과일은 당연히 신선하죠.

这是我亲眼看见的。　　　　　　　이건 내가 직접 본 거라고.

③ 원인을 설명합니다.

他近视是看电视看的。　　　　　　그가 근시인 것은 TV를 봐서 그런 것이다. ←　시도하기 ⑤

他听不见是耳朵有毛病的。　　　　그 사람이 못 듣는 건 귀에 문제가 있기 때문이에요.

我脚疼是刚才摔的。　　　　　　　내 발이 아픈 건 방금 전에 넘어져서죠.

4. '是…的' 강조용법에서 是는 생략할 수 있지만 的는 생략할 수 없습니다. 단, 문장의 주어가 지시대 명사일 때는 是도 생략할 수 없습니다.

你(是)什么时候到的?　　　　　　너 언제 도착한 거야?

他(是)去年回国的。　　　　　　　그는 작년에 귀국한 거예요.

这是我爸爸给我买的。　　　　　　이건 우리 아빠가 사주신 거예요. (这는 지시대명사)

5. '是…的' 강조용법의 부정형은 '不是…的'로 씁니다.

我的小狗不是在商店买的。　　　　내 강아지는 상점에서 산 게 아니에요. ←　시도하기 ④

这不是我亲眼看见的。　　　　　　이건 내가 직접 본 게 아니야.

他不是去年毕业的。　　　　　　　그 사람 작년에 졸업한 거 아니거든.

6. 'A是A, 不过(可是/就是)'는 'A 하기는 하지만, ~하다'라는 의미의 표현입니다. '좋은 면이 있으 나, 약간 부족하다'라는 어감으로 쓰입니다.

天气好是好, 不过有点儿冷。　　　날씨가 좋긴 좋은데, 조금 춥네. ←　시도하기 ⑥

他来是来, 不过要晚一点儿。　　　그 사람 오긴 올 건데, 조금 늦을 거야.

我睡是睡了, 可是没睡好。　　　　내가 잠을 자긴 했는데, 잘 못 잤어.

3. 검토하기   _{아~ 이게 이거였구나~!}

① 저 사람이 우리 큰오빠예요.

⇨ **他是我大哥。**
    _{긍정문}

     넌 나의 가장 좋은 친구야.

    ⇨ _____

② 당신은 내 적수가 아니라고.

⇨ **你不是我的对手。**
    _{是 부정형}

     전 당신이 아는 그 사람이 아닌데요.

    ⇨ _____

③ 저 사람이 김 군이죠?

⇨ **他是不是小金?**
    _{정반의문문}

     밍밍이 아직 서울首尔에 있지? (정반의문문)

    ⇨ _____

④ 밍밍이는 작년에 여기 왔어요.

⇨ **明明是去年来这儿的。**
    _{是…的 강조용법(시간 강조)}

    응용표현 그들은 모두 어제서야昨天才 도착한到 거예요.

    ⇨ _____

⑤ 나 너 찾으러 온 거 아냐.

⇨ **我不是来找你的。**

　　　不是…的(是…的의 부정형)

 난 돈 빌리러 借钱 온 게 아니라고요.

⇨ _____

⑥ 내가 그녀를 사랑하잖아, 이건 너도 알고 있고.

⇨ **我爱她，这是你知道的。**

　　　　　　　是…的(화자의 관점을 표현)

 이것은 제가 당연히 해야 하는 应该做 거예요.

⇨ _____

⑦ 그의 얼굴이 빨간 것은 달리기를 해서이다.

⇨ **他脸红是跑步跑的。**

　　　　是…的(원인 설명)

 내 머리가 아픈 건 벽 墙에 부딪쳐서야 撞.

⇨ _____

⑧ 이 차는 좋긴 한데, 너무 비싸요.

⇨ **这辆汽车好是好，就是太贵了。**

　　　　　A是A，就是(不过/可是) : ~하긴 한데, ~하다

 이 요리는 맛있긴 한데, 너무 달아요.

⇨ _____

4. 교정 연습 앗! 나의 실수~

1 她我朋友莉莉。 →

2 今天不六月二十一号。 →

3 银行是邮局旁边。 →

4 我们是走过去。 →

5. 활용하기 나의 작문 실력 뽐내기

다음 단어로 멋진 문장을 만들어볼까요?

1 他 班 是 我们 第一名

→ _____

2 考试 时间 是 的 下星期三

→ _____

3 他 自行车 是 骑 的 去 学校

→ _____

여러분의 작문 실력을 보여주세요~

4 이 바지裤子는 우리 언니 거예요.

→ _____

5 그는 백화점에서 신발鞋을 산 게 아니에요.

→ _____

6 제가 말씀드리고 싶은 것은 바로 이 부분这些입니다.

→ _____

7 우리는 삼 년 전에 알게认识 되었죠.

→ _____

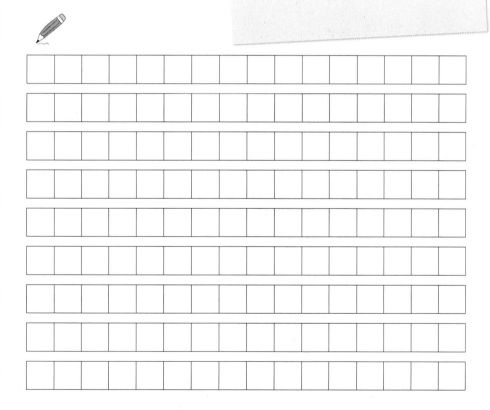

밍밍이는 내 중국 친구야. 작년에 한국에 왔지.

자긴 한국이 너무 좋대.

밍밍이가 사진을 잘 찍거든, 이 사진도 밍밍이가 찍은 거야.

어때, 사진 좀 찍지?

시간 있을 때, 같이 한번 만나자.

내가 너희들에게 소개시켜 줄게.

다음 단어들을 이용하여 일기를 써보세요!

사진 찍다 照相 zhào xiàng |
시간이 되다, 시간이 있다 有时间 yǒu shíjiān |
소개하다 介绍 jièshào

| | | 明 | 明 | 是 | 我 | 的 | 中 | 国 | 朋 | 友 | 。 | 明 | 明 | 是 | 去 |

> 동작, 시간, 방식을 강조할 때
> '是…的' 강조구문을 쓴다.

| 年 | 来 | 韩 | 国 | 的 | 。 | | | | | | | | | | |

| | | 他 | 说 | 他 | 特 | 别 | 喜 | 欢 | 韩 | 国 | 。 | | | | |

| | | 明 | 明 | 照 | 相 | 照 | 得 | 很 | 好 | ， | 这 | 个 | 照 | 片 | 也 |

> 张 照片의 양사로는
> 张을 쓴다.

| 是 | 他 | 照 | 的 | 。 | | | | | | | | | | | |

| | | 怎 | 么 | 样 | ， | 照 | 得 | 挺 | 好 | 的 | 吧 | ？ | | | |

| | | 有 | 时 | 间 | ， | 我 | 们 | 一 | 起 | 聚 | 一 | 聚 | 吧 | 。 | |

| | | 我 | 要 | 给 | 你 | 们 | 介 | 绍 | 介 | 绍 | 他 | 。 | | | |

> '~하겠다'라는 주어의 의지가 들어가므로
> 조동사 要를 써주는 것이 좋다.

| | | | | | | | | | | | | | | | |

6과 有를 잡으면 뜻이 보인다!
有字句

어떤 곳에 사람 혹은 사물이 있거나, 누가 무엇을 소유하고 있다고 표현하고 싶을 때 쓰는 동사가 바로 有입니다. 有 역시 是와 마찬가지로 구체적인 동작을 나타내는 데는 쓰이지 않습니다. 동사 有를 잘 알아두면 중국어 작문 수준을 팍팍! 업그레이드할 수 있습니다. 연동문, 겸어문, 비교문에 두루두루 쓰이는 기특한 녀석이거든요.

1. 시도하기 _몸풀기 작문 연습! 시~작!_

① 나는 자전거를 가지고 있어요.

① 가지고 있다 有 yǒu
　자전거 自行车 zìxíngchē

② 우리 집에는 네 식구가 있어.

② 우리 집 我家 wǒ jiā
　식구의 양사 口 kǒu

③ 난 언니가 없어.

③ 없다 没有 méiyǒu

④ 사무실에 책상 다섯 개와 의자 여섯 개가 있어요.

④ 사무실
　办公室 bàngōngshì
　책상의 양사 张 zhāng
　의자의 양사 把 bǎ
　~와 和 hé

⑤ 도서관 북쪽에 서점이 있어요.

⑤ 도서관 图书馆 túshūguǎn
　북쪽 北面 běimiàn
　서점 书店 shūdiàn

⑥ 베이징은 인구가 1,200만에 달한다.

⑥ ~에 달하다 有 yǒu
　인구 人口 rénkǒu

2. 발견하기 중국어 어법의 세계로~!

1 有字句 맛보기

有는 소유와 존재를 나타내는 특수한 동사입니다.
有가 소유를 나타낼 때는 목적어 앞에 '수사+양사'를 동반하는 경우가 많습니다.
有가 존재를 나타낼 때는 '장소+有+사람/사물'의 형식을 취하는 경우가 많습니다.

1. 소유

我有自行车。　　　　　　　　　나는 자전거를 가지고 있어요. ←⟨시도하기 ❶⟩
　↖ 有+목적어

我有一辆自行车。　　　　　　　　나는 자전거 한 대를 가지고 있어요.
　↖ 有+수사+양사+목적어

2. 존재

办公室里有三个人。　　　　　　　사무실에 세 사람이 있네요.
　　↖ 장소+有+사람

图书馆北面有书店。　　　　　　　도서관 북쪽에 서점이 있어요. ←⟨시도하기 ❺⟩
　　↖ 장소+有+사물

2 有字句를 파악하기 위해 반드시 알아둘 것!

1. 有의 뒤에는 '수사+양사' 구조가 많이 쓰입니다.

我家有四口人。　　　　　　우리 집에는 네 식구가 있어. ← 시도하기 ❷
　　　수사↗　↖양사

办公室里有五张桌子和六把椅子。　사무실에 책상 다섯 개와 의자 여섯 개가 있어요. ← 시도하기 ❹
　　　　　수사↗　↖양사 수사↗　↖양사

2. '(수치가 어느 정도에) 달하다'라는 뜻으로도 쓰입니다.

北京有一千二百万人口。　　베이징은 인구가 1,200만에 달한다. ← 시도하기 ❻

你有二十吗?　　　　　　　자네 스무 살은 되었나?

3. 有字句의 부정형은 没有를 씁니다. 不는 쓰지 않습니다.

我没有姐姐。　　　　　　　난 언니가 없어. ← 시도하기 ❸

这儿没有洗衣店。　　　　　여기엔 세탁소가 없어요.

我家没有电视。　　　　　　우리 집엔 TV가 없어요.

4. 有 뒤에 동태조사 '了, 着, 过'는 쓸 수 있지만, 보어는 쓸 수 없습니다.

他好像有了女朋友。　　　　저 사람 아무래도 여자 친구가 생긴 것 같아.

他有着崇高的理想。　　　　그는 숭고한 이상을 가지고 있다.

我曾经就有过这样的经历。　난 전에 그런 경험이 있었어.

3. 검토하기

① 나는 책을 많이 가지고 있어요.

⇨ **我有很多书。**

　　　　有 +관형어+목적어

　　응용표현 그는 자전거를 한 대一辆 가지고 있다有.

　　⇨ _____

② 너희 집은 몇 식구가 있니?

⇨ **你家有几口人?**

　　　　有를 쓰는 의문문

　　응용표현 너는 형제자매가 몇 명이니有几个?

　　⇨ _____

③ 죄송해요, 오늘 저녁에는 제가 시간이 없습니다.

⇨ **对不起，今天晚上我没有时间。**

　　　　　　　　有의 부정형

　　응용표현 나 만년필钢笔이 없는데, 네가 한 자루支 선물해주면送 어떨까?

　　⇨ _____

④ 일주일에 7일이 있는데, 넌 무슨 요일을 좋아하니?

⇨ **一个星期有七天，你喜欢星期几?**

　　　　월, 일, 요일 표현에 有 사용 가능

　　응용표현 일 년은 열두 달十二个月이 있는데有, 난 1월을 가장 좋아해.

　　⇨ _____

맛있는 중국어
작문

⑤ 우리 회사에 외국인이 한 명 있는데, 마이크麦克라고 해.

➪ **我们单位有个外国人，叫麦克。**

　　　　　　　겸어문

　　응용표현 나는 친구가 한 명 있는데 캐나다加拿大인이다. (겸어문에 쓰이는 有)

　　➪ _____

⑥ 요즘에 난 볼 책이 있어.

➪ **最近我有书看呢。**

연동문에서 첫 번째 동사로 쓰임

　　응용표현 내가 쓸花 돈은 있어.

　　➪ _____

⑦ 저 산은 높이가 1,500미터에 달하지.

➪ **那座山有一千五百米高。**

　　정도 또는 수치가 ~에 달하다

　　응용표현 한라산汉拏山은 정말 높아요. 높이가 2,000여 미터에 달한다니까요有.

　　➪ _____

⑧ 학교 맞은편에 새로 개업한 미용실이 하나 있어.

➪ **学校对面有一家新开的美发厅。**

　　장소+有+사람/사물

　　응용표현 우리 집 근처에附近 아주 큰 쇼핑센터购物中心가 있어요.

　　➪ _____

4. 교정 연습 앗 나의 실수~

1 我家有四个人。　　　→

2 我没有一张门票。　　　→

3 听天气预报说，今天是雨。　→

4 学生食堂对面在超市。　　→

5. 활용하기 나의 작문 실력 뽐내기

다음 단어로 멋진 문장을 만들어볼까요?

1 我　词典　有　本　英汉　两

　→ _____

2 我家　商店　附近　很　有　多

　→ _____

3 火车站　请问　有　离　多　这儿　远

　→ _____

여러분의 작문 실력을 보여주세요~

4 그 사람他 서른 살 되었나요有?

　→ _____

5 너 정말 대단하구나有两下子, 존경스럽다佩服, 얘.

　→ _____

6 자네 퇴근下班 후에 시간 있나?

　→ _____

7 난 형제자매가 없어没有, 외동딸独生女이거든.

　→ _____

우리 집은 네 식구야. 아빠, 엄마, 남동생 그리고 나.

난 여동생이 좋은데, 여동생이 없어서 아쉽지만,

그래도 내 동생은 똑똑하고 귀여워.

응? 내 방에 어떤 물건들이 있는지 궁금하다고?

내 방엔 책상 하나, 의자 하나, 책꽂이 하나, 컴퓨터 한 대, 침대 하나

그리고 예쁜 옷장이 하나 있단다.

다음 단어들을 이용하여 일기를 써보세요!

아쉽다 可惜 kěxī | 똑똑하다 聪明 cōngming |
궁금하다 想知道 xiǎng zhīdào | 책상 桌子 zhuōzi |
의자 椅子 yǐzi | 책꽂이 书架 shūjià |
컴퓨터 电脑 diànnǎo | 침대 床 chuáng | 옷장 衣柜 yīguì

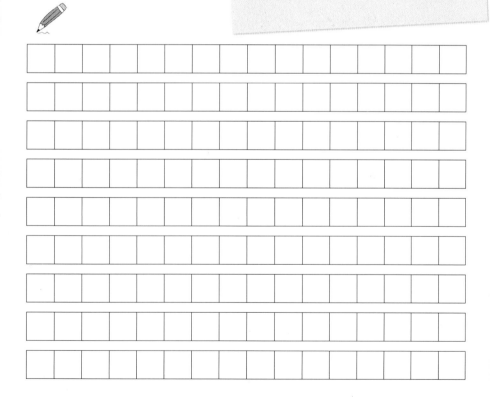

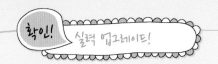

| | | 我 | 家 | 有 | 四 | 口 | 人 | 。 | 爸 | 爸 | 、 | 妈 | 妈 | 、 | 弟 |

| 弟 | 跟 | 我 | 。 | | | | | | | | | | | | |

→ 和　사람이나 사물을 나열할 때,
접속사는 和를 쓴다.

| | | 我 | 喜 | 欢 | 妹 | 妹 | , | 可 | 惜 | 我 | 没 | 有 | 妹 | 妹 | , |

| 不 | 过 | 我 | 这 | 个 | 弟 | 弟 | 又 | 聪 | 明 | 又 | 可 | 爱 | 。 | | |

| | | 嗯 | ? | 你 | 想 | 知 | 道 | 我 | 的 | 房 | 间 | 里 | 都 | 有 | 什 |

| 么 | 东 | 西 | 呀 | ? | | | | | | | | | | | |

| | | 我 | 的 | 房 | 间 | 里 | 有 | 一 | 张 | 桌 | 子 | 、 | 一 | 个 | 椅 |

손잡이가 달린 물건일 때,　→ 把
양사는 把를 쓴다.

| 子 | 、 | 一 | 个 | 书 | 架 | 、 | 一 | 台 | 电 | 脑 | 、 | 一 | 张 | 床 | 还 |

| 有 | 一 | 张 | 衣 | 柜 | 。 | | | | | | | | | | |

→ 个

7과 형용사로 설명하기 형용사 술어문

"네 여자 친구 정말 쿨하다!" "그 드라마, 정말 재미있더라."

이렇게 형용사를 이용해 주어를 묘사해주는 문장을 '형용사 술어문'이라고 합니다. 형용사 술어문에는 반드시 들어가는 감초가 있지요. 바로 정도부사 很이랍니다. 很이 형용사와 결합해야 형용사 술어문이 완성된다고나 할까요? 또 하나 알아둘 것! 형용사 술어문이 '~이 어떠어떠하다'라고 해석되다 보니, 왠지 是를 넣어주고 싶은 생각이 들지도 몰라요. 하지만 형용사 술어문에는 절대로 是가 들어가면 안 됩니다.

1. 시도하기 몸풀기 작문 연습! 시~작!

① 이 산은 높다.

② 그녀의 얼굴은 그리 희지 않아요.

③ 우리 엄마는 대단히 아름다우시다.

④ 이곳의 물건은 비싼가요?

⑤ 그의 성질은 아주 안 좋아요.

⑥ 내 남동생은 그렇게 뚱뚱하지 않아요.

---

① 산의 양사 座 zuò
높다 高 gāo

② 얼굴 脸 liǎn
희다 白 bái
그리 ~하지 않다
不太 bú tài

③ 대단히 非常 fēicháng
아름답다 美丽 měilì

④ 물건 东西 dōngxi
비싸다 贵 guì

⑤ 성질 脾气 píqi
아주 很 hěn

⑥ 그리 ~한 것은 아니다
不很 bù hěn
뚱뚱하다 胖 pàng

2. 발견하기 중국어 어법의 세계로~! ③

1 형용사 술어문 맛보기

형용사 술어문은 형용사가 서술어가 되어 '~가 어떠하다'라고 묘사하는 문장을 말합니다. 형용사 술어문은 일반적으로 형용사 앞에 정도부사 很을 써주는데, 이 경우 很을 해석하지 않아도 됩니다. 형용사 서술어의 뜻을 강조하고 싶은 경우에는 很 대신 다른 정도부사를 쓰면 됩니다.

 기본 형식

我的男朋友很帅。　　　　　　　　　　내 남자 친구는 잘생겼다.
주어+很+형용사 서술어
　　↖ 해석 안 해도 됨

这座山很高。　　　　　　　　　　이 산은 높다. ← 시도하기 ❶

 확장 형식

我的男朋友非常帅。　　　　　　　　　　내 남자 친구는 정말 잘생겼다.
주어+非常+형용사 서술어
　　↖ 很을 제외한 정도 부사는 해석함

这座山非常高。　　　　　　　　　　이 산은 정말 높다.

2 형용사 술어문을 파악할 때 주의사항

1. 형용사가 단독으로 서술어로 쓰이는 경우는 비교의 뜻을 가집니다.

他高，我矮。　　　　　　　　　　그는 키가 크고, 나는 키가 작다.
这条河深，那条河浅。　　　　　　　　　　이 하천은 깊고, 저 하천은 얕다.

2. 서술어로 쓰인 형용사의 의미를 강조할 때는 很이 아닌 정도부사를 사용합니다.

我妈妈非常美丽。　　　　　　　　　　우리 엄마는 대단히 아름다우시다. ← 시도하기 ❸
这个地方真有名。　　　　　　　　　　이곳은 참으로 유명하다.
他的成绩相当不错。　　　　　　　　　　그의 성적이 상당히 우수하다.

3. 형용사 술어문의 부정형은 很을 빼고, 형용사 앞에 부정부사 不를 붙입니다.

    她的脸不太白。　　　　　　그녀의 얼굴은 그리 희지 않아요. ← 시도하기 ❷

    这个不好吃。　　　　　　　이거 맛이 없어요.

    단, 很을 남겨놓은 상태로 부정문을 만들 수도 있습니다.

    他的脾气很不好。　　　　　그의 성질은 아주 안 좋아요. ← 시도하기 ❺

    我弟弟不很胖。　　　　　　내 남동생은 그렇게 뚱뚱하지 않아요. ← 시도하기 ❻

4. 의문문을 만들 때는 很을 쓰지 않습니다.

    这里的东西贵吗?　　　　　이곳의 물건은 비싼가요? ← 시도하기 ❹

    她的眼睛大不大?　　　　　그녀의 눈은 큰가요, 안 큰가요?

5. 형용사 술어문에 쓰이는 정도부사들을 알아둡시다.

    非常 대단히　　　真 정말로　　　挺…的 아주 ~하다　　太…了 너무 ~하다

    相当 상당히　　　特别 특별히　　　格外 아주

3. 검토하기 아~ 이게 이거였구나!

① 이 하천은 얕다.

 这条河很浅。

很과 형용사 서술어 결합 시 很 해석 안 함

응용표현 이 산은 높다.

 _____

② 내 바지가 너무 길어서, 좀 줄이려고.

 我的裤子太长了，要剪短一点儿。

太…了 : 너무 ~하다

응용표현 오늘 너 너무 예쁘다漂亮.

 _____

③ 그대를 향한 내 사랑은 대단히 깊습니다.

 我对你的爱非常深。

정도부사+형용사 서술어

응용표현 이 아이의 눈은 대단히特別 크다.

 _____

④ 네 자전거는 새 거야, 아니야?

 你的自行车新不新?

형용사 정반의문문

응용표현 이런 색은 예뻐好看, 안 예뻐?

 _____

⑤ 나는 그렇게 피곤하지는 않은데, 너는?

⇨ **我不太累, 你呢?**

不太+형용사 : 그렇게 ~하지는 않다

응용표현 이거 별로 안 좋은데요, 다른 걸로 바꿔주시겠어요?

⇨ _____

⑥ 이 가게의 옷은 싼가요?

⇨ **这个店里的衣服便宜吗?**

형용사+吗

응용표현 네가 산 휴대폰은 비싸니贵?

⇨ _____

⑦ 우리 반의 여학생은 많고, 너희 반의 여학생은 적다.

⇨ **我们班的女生多, 你们班的女生少。**

비교할 때 형용사 서술어 앞에 很을 쓰지 않음

응용표현 이 방은 크고, 저 방은 작다.

⇨ _____

⑧ 이 기사님의 태도는 아주 안 좋다.

⇨ **这个司机的态度很不好。**

很+不+형용사 : 대단히 ~하지 않다

응용표현 이 브랜드의 신발은 정말 튼튼하지가结实 않아.

⇨ _____

4. 교정 연습 앗! 나의 실수~

1 这件是很贵，有便宜的吗？ →

2 汉语很难不难？ →

3 最近天气好。 →

4 她做了中国菜很多。 →

5. 활용하기 나의 작문 실력 뽐내기

다음 단어로 멋진 문장을 만들어볼까요?

1 这里　的　很　几　件　衣服　我　便宜　多　想　买

→ _____

2 这　本　有意思　书　很　看看　你　也

→ _____

3 这　桌子　好　张　不太

→ _____

여러분의 작문 실력을 보여주세요~

4 우리 엄마는 참非常 예쁘시다.

→ _____

5 오늘 날씨가 끝내준다好极了.

→ _____

6 이 가게의 물건东西은 너무 싸다便宜.

→ _____

7 내가 만든 음식 맛있어好吃, 맛없어?

→ _____

내 남동생은 올해 다섯 살이야.

그 애는 조금 통통하지만, 참 귀엽단다.

작은 눈, 오뚝한 코, 보조개도 하나 있어.

다들 그 녀석을 '토실이'라 부른다고.

그 애는 춤추는 걸 가장 좋아해서, 가끔씩 유치원 친구들을 데려다 놓고,

그 앞에서 춤 솜씨를 발휘하기도 해.

다음 단어들을 이용하여 일기를 써보세요!

~살(나이) 岁 suì | 보조개 酒窝 jiǔwō |
토실이 小胖 xiǎopàng | 춤추다 跳舞 tiào wǔ |
유치원 幼儿园 yòu'éryuán

| | | 我 | 弟 | 弟 | 今 | 年 | 五 | 岁 | 。 | | | | | |

| | | 他 | 有 | 点 | 儿 | 胖 | ， | 可 | 却 | 很 | 可 | 爱 | 。 | |

→ 但　문어체에는 可보다는
　　但을 많이 쓴다.

| | | 小 | 眼 | 睛 | ， | 高 | 鼻 | 子 | ， | 脸 | 上 | 还 | 有 | 个 | 酒 |

| 窝 | 。 | | | | | | | | | | | | | |

| | | 大 | 家 | 都 | 叫 | 他 | " | 小 | 胖 | " | 。 | | | |

| | | 他 | 最 | 喜 | 欢 | 跳 | 舞 | ， | 有 | 时 | 候 | ， | 他 | 带 | 幼 |

| 儿 | 园 | 的 | 小 | 朋 | 友 | 到 | 家 | 来 | ， | 给 | 他 | 们 | 表 | 演 | 表 |

玩儿　친구들을 데리고 집에 놀러 오는
　　　것이므로 玩儿을 써준다.

| 演 | 。 | | | | | | | | | | | | | |

→ 舞蹈　춤 솜씨를 보여주는 것이므로
　　　表演舞蹈라고 하는 것이 더 좋다.

| | | | | | | | | | | | | | | |

8과 주어＋서술어＝서술어?
주술 술어문

딱 하루 동안 원하는 외모로 살 수 있다면? 눈은 김태희처럼 커다랗게 빛나고, 코는 한가인처럼 오똑하면 좋겠고, 입술은 안젤리나 졸리 정도? 이렇게 전체적인 모습을 설명할 때 쓰기 좋은 표현이 바로 주술 술어문이랍니다. '그 애는 눈이 예뻐'라는 우리말 문장을 보면, '주어(눈이)+서술어(예뻐)' 결합 구조가 문장 전체의 서술어 역할을 하여 주어(그 애)를 묘사하지요. 주술 술어문은 풍경이나 사물을 묘사할 때도 쓸 수 있습니다.

1. 시도하기 〔몸풀기 작문 연습! 시~작!〕

① 그는 눈이 크다.

> ①눈 眼睛 yǎnjing
> 크다 大 dà

② 나는 컨디션이 안 좋다.

> ②몸 상태, 컨디션
> 身体 shēntǐ

③ 토끼는 꼬리가 긴가요?

> ③토끼 兔子 tùzi
> 꼬리 尾巴 wěiba

④ 우리 오빠는 공부를 아주 열심히 해요.

> ④공부하다 学习 xuéxí
> 노력하다, 열심히 하다
> 努力 nǔlì

⑤ 난 배가 조금 안 좋네요.

> ⑤배 肚子 dùzi
> 불편하다 不舒服 bù shūfu

⑥ 이런 스웨터는 세상에 단 하나밖에 없다.

> ⑥스웨터 毛衣 máoyī
> 세상에 世界上 shìjiè shàng
> 오직, 단 只 zhǐ

2. 발견하기 중국어 어법의 세계로~!

1 주술 술어문 맛보기

 기본 형식

他　　眼睛　　大。　　　　　　　그는 눈이 크다.　←[시도하기 ❶]

주어　＋　서술어

↖ [주어＋서술어]

 확장 형식

他　　眼睛 非常 大。　　　　　　그는 눈이 아주 크다.

주어　＋　　서술어

↖ [주어＋부사어＋서술어]

2 주술 술어문의 특징

주술 술어문은 서술어 부분이 '주어＋서술어' 구조로 이루어져 있어 마치 주어가 두 개 등장하는 것처럼 보입니다. 주술 술어문의 서술어 부분은 '형용사 술어문' 형태를 띠는 경우가 많습니다. 주술 술어문을 부정할 때는 서술어 부분의 서술어를 부정합니다.

3 주술 술어문 핵심 알기

1. '주어＋서술어' 결합이 전체 문장의 서술어 역할을 합니다.

我姐姐个子高。　　　　　　우리 언니는 키가 커요.

我哥哥学习非常努力。　　　우리 오빠는 공부를 아주 열심히 해요.　←[시도하기 ❹]

我肚子有点儿不舒服。　　　난 배가 조금 안 좋네요.　←[시도하기 ❺]

汉语书我没有两本,
只有一本。　　　　　　　　중국어 책을 나는 두 권을 가지고 있지 않고,
　　　　　　　　　　　　　한 권만 가지고 있어요.

2. 부사어는 서술어 앞에 위치합니다.

他这几天心情非常好。　　　그는 요 며칠 기분이 아주 좋아요.

这个地方以前人很多。　　　이곳은 예전에 사람이 많았어요.

这种毛衣世界上只有一件。　이런 스웨터는 세상에 단 하나밖에 없다.　←[시도하기 ❻]

3. 시간사로 된 부사어는 문장 처음에 쓸 수 있습니다.

昨天我牙疼。　　　　　　어제 난 이가 아팠어.

现在他肚子不疼了。　　　지금 그 사람은 배가 아프지 않아요.

4. 부정문은 '주어+서술어' 결합 구조 가운데 '서술어'를 부정하면 됩니다. 정도부사 위치에 부정부사를 써주세요.

兔子尾巴很短。	→ 兔子尾巴不短。	토끼는 꼬리가 짧지 않다.
我身体很好。	→ 我身体不好。	나는 컨디션이 안 좋다. 〈시도하기 ❷〉
这种袜子我买了两双。	→ 这种袜子我没买两双。	이런 양말을 난 두 켤레 사지 않았어.

5. 의문문은 아래와 같이 만들 수 있습니다.

明明眼睛大吗?	밍밍이는 눈이 큰가요?
兔子尾巴长吗?	토끼는 꼬리가 긴가요? 〈시도하기 ❸〉
他腿长不长?	그 사람 다리가 길어요, 안 길어요?

3. 검토하기

① 어제 난 이가 아팠어요.

> ⇨ **昨天我牙疼。**
> 주어+형용사 서술어

> **응용표현** 어제 난 다리腿가 아팠어疼.
> ⇨ _____

② 그녀는 눈이 큰가요, 안 큰가요?

> ⇨ **她眼睛大不大?**
> 주술 술어문 정반의문문

> **응용표현** 그녀는 머리头发가 긴가요长, 안 긴가요?
> ⇨ _____

③ 우리 회사에는 젊은 사람이 많지 않아요.

> ⇨ **我们单位年轻人不多。**
> 주술 술어문 부정형

> **응용표현** 이 가게는 물건이 많지 않다不多.
> ⇨ _____

④ 그 사람 키 크니?

> ⇨ **他个子高吗?**
> 주술 술어문 의문문

> **응용표현** 그 사람 성격性格 좋니好?
> ⇨ _____

⑤ 저는 일이 바빠서, 놀러 갈 시간이 없네요.

⇨ **我工作很忙，没有时间出去玩儿。**
　　주어+很+형용사 서술어

응용표현 이 바지는 색깔颜色이 예쁘다好看.

⇨ _____

⑥ 이 양말을 저는 한 컬레 샀어요.

⇨ **这种袜子我买了一双。**
　　주어+서술어+수량사

응용표현 이 스카프围巾 나는 한 개条 샀어.

⇨ _____

⑦ 이 지역은 자원이 풍부하다.

⇨ **这个地区资源很丰富。**
　　주어+很+형용사 서술어

응용표현 제가 살고 있는 곳은 환경环境이 좋답니다.

⇨ _____

⑧ 이런 넥타이 저한테 하나 더 있어요.

⇨ **这种领带我还有一条。**
　　주어+有+수량사

응용표현 이런 장갑手套 나한테 두 컬레副 더还 있어요.

⇨ _____

4. 교정 연습 앗 나의 실수~

1. 我朋友头发是很长。 →

2. 我最近非常忙学习。 →

3. 他不工作认真。 →

4. 爸爸和妈妈都身体很好。 →

5. 활용하기 나의 작문 실력 뽐내기

다음 단어로 멋진 문장을 만들어볼까요?

1. 他 好 考试 很 成绩

   → _____

2. 这几天 好 我 不太 心情

   → _____

3. 这里 态度 的 非常 服务员 热情

   → _____

여러분의 작문 실력을 보여주세요~

4. 그녀가 입은 치마裙子는 색깔颜色이 예쁘다.

   → _____

5. 베이징은 사람이 많고, 길马路이 넓다宽.

   → _____

6. 난 배가 안 고파요饿, 밥 먹고 싶지 않은데요.

   → _____

7. 이 셔츠衬衫는 단추扣子가 떨어졌다.

   → _____

이 꽃가게 꽃들은 정말 예뻐, 종류도 참 많고.

게다가 주인 언니도 친절해서,

꽃을 사러 가는 사람이 아주 많아.

우리 엄마도 이 가게에 자주 가시는데,

오늘은 장미꽃 한 다발을 사오셨더라고.

엄마는 우리가 다 크면 꽃가게를 하시고 싶대.

난 엄마의 생각에 쌍수를 들어 찬성이야!

다음 단어들을 이용하여 일기를 써보세요!

꽃가게 花店 huādiàn | 종류 种类 zhǒnglèi |
게다가 而且 érqiě | 친절하다 亲切 qīnqiè |
자주 常 cháng | 다발 束 shù |
쌍수 들어 찬성하다
举双手赞成 jǔ shuāngshǒu zànchéng

これ个花店的花非常好看，种类也

很多。

而且花店的主人姐姐也很亲切，
老板

去那儿买花的人有很多。

人很多는 '주어+형용사 서술어' 구조이므로,
동사 有가 들어갈 필요가 없다.

我妈妈也常去这个花店，今天她

买了一束玫瑰回来。

我妈妈说我们长大了自己开一个

等 '우리가 클 때까지 기다린다'라는 의미이므로 동사 等을 써주는 것이 좋다.
等에는 '~할 때까지 기다렸다가 ~을 하다'라는 뜻이 들어 있다.

花店。

我举双手赞成她的想法！

9과 작문의 기본 동사 술어문

여러분은 아침에 눈을 뜬 후에 가장 먼저 무슨 일을 하세요? 틀림없이 어떤 동작을 할 거예요. 기지개를 켜고, 일어났다가 다시 이불 속으로 들어갈 수도 있고, 물을 한 잔 마실 수도 있지요. 이렇게 동사를 서술어로 써서, 주어가 하는 동작을 콕! 집어 표현하는 문장이 바로 동사 술어문입니다.

그런데 동사는 종류가 무척 많네요. 자동사, 타동사, 목적어를 두 개 동반하는 동사, 이합동사, 사역동사, 동작이 발생한 다음부터 시간을 계산하는 비지속동사, 조동사까지! 동사 술어문을 잘 알아두면, 중국어 작문을 마스터하는 데도 도움이 많이 된답니다.

1. 시도하기 몸풀기 작문 연습! 시~작!

① 우리는 먹어요.

① 먹다 吃 chī

② 우리는 빵을 먹어요.

② 빵 面包 miànbāo

③ 난 잠을 자고 싶어요.

③ 잠을 자다 睡觉 shuì jiào

④ 여름방학에 그는 유럽으로 여행 가요.

④ 여름방학 暑假 shǔjià
유럽 欧洲 Ōuzhōu
여행하다 旅行 lǚxíng

⑤ 너 무슨 영화 보고 싶어?

⑤ 영화 电影 diànyǐng

⑥ 난 저 사람 모르는데, 너는?

⑥ 모르다 不认识 bú rènshi

2. 발견하기 중국어 어법의 세계로~!

1 여러 가지 동사 맛보기

기본형식

我去上海旅行。 　　　　　　　　　나 상하이로 여행 가.
　　↖ 자동사(목적어 없음)

我们吃面包。 　　　　　　　　　　우리는 빵을 먹어요. ←[시도하기 ②]
　　↖ 타동사(목적어 동반)

我想吃面包。 　　　　　　　　　　나 빵 먹고 싶어.
　　↖ 조동사(다른 동사를 도와 뜻을 더해줌)

我们上课。 　　　　　　　　　　　우리는 수업을 합니다.
　　↖ 이합동사('동사+목적어'로 이루어진 동사)

我告诉你我的电话号码。 　　　　내가 네게 내 전화번호를 알려줄게.
　　↖ 목적어를 두 개 동반하는 동사

我请你吃饭。 　　　　　　　　　내가 밥 사줄게.
　　↖ 사역동사('~로 하여금 ~하게 하다'라는 용법의 동사)

2 동사 술어문 파악하기

1. 자동사는 목적어를 동반하지 않고, 타동사는 목적어를 동반할 수 있습니다.

[자동사] 暑假，他去欧洲旅行。　여름방학에 그는 유럽으로 여행 가요. ←[시도하기 ④]
　　　　我经常去北京出差。　　저는 자주 베이징으로 출장 간답니다.

[타동사] 我们吃。　　　　　　　우리는 먹어요. ←[시도하기 ①]
　　　　他去美国。　　　　　그는 미국에 가요.

2. 이합동사는 동사 자체에 이미 목적어를 포함하고 있으므로, 별도의 목적어를 동반할 수 없습니다.

난 잠을 자고 싶어요.　　　我想睡觉。(○)　　　我想睡觉觉。(×) ← 시도하기 ❹

나 대학 졸업했어.　　　我大学毕业了。(○)　　　我毕业大学了。(×)

3. 조동사는 본동사 앞에 위치합니다.

他会说汉语。　　　그는 중국어를 말할 수 있어요.

你现在可以回家了。　　　자네 이제 집에 돌아가도 되네.

4. 목적어를 두 개 동반하는 동사도 있습니다.

他教我们音乐。　　　그분은 우리에게(목적어①) 음악을(목적어②) 가르칩니다.

我告诉你她的名字。　　　내가 너한테(목적어①) 그 애 이름을(목적어②) 알려줄게.

5. '请, 让, 叫, 使' 등은 사역동사로 쓰입니다.

我请你看电影。　　　내가 너한테 영화 보여줄게.

妈妈让你好好学习。　　　엄마가 너더러 열심히 공부하라셔.

6. 의문문과 부정문을 만들어봅시다.

[의문문] 你想看什么电影?　　　너 무슨 영화 보고 싶어? ← 시도하기 ❺

　　　我不认识他，你呢?　　　난 저 사람 모르는데, 너는? ← 시도하기 ❻

[부정문] 今天早上我没吃饭。　　　오늘 아침에 난 밥을 못 먹었어요.

　　　他不去日本。　　　그는 일본에 가지 않아요.

3. 검토하기 아~ 이게 이거였구나~!

① 나는 책 보는 걸 좋아해요.

⇨ **我喜欢看书。**
_{동사 서술어+목적어 (동사看+목적어书)}

> **응용표현** 난 과일水果 먹는吃 게 가장最 좋아喜欢.
>
> ⇨ _____

② 저 친구는 밍밍이라 부르고요, 중국인이에요.

⇨ **他叫明明，是中国人。**
_{동사+목적어}

> **응용표현** 난 언니가 없는데没有, 내 친구는 언니가 두 명이나 있어有.
>
> ⇨ _____

③ 그 사람 운전할 줄 몰라요.

⇨ **他不会开车。**
_{조동사+동사}

> **응용표현** 나 뮤지컬 보고看 싶어想, 우리 같이 가자.
>
> ⇨ _____

④ 우리 아빠는 자주 중국으로 출장 가세요.

⇨ **我爸爸经常去中国出差。**
_{자동사}

> **응용표현** 밍밍이는 자주 제주도济州岛로 여행을 가요. (자동사 旅游)
>
> ⇨ _____

⑤ 나는 매일 아침 아침밥을 먹지 않아요.

⇨ 我每天早上都不吃早饭。

　　　 습관적인 동작의 표현

　　　 응용표현 나는 매일 낮잠을 30분씩 자요. (睡午觉)

　　　 ⇨ _____

⑥ 하루 종일 수업했더니, 정말 피곤하다.

⇨ 我上了一天的课，真累。

　　　 이합동사 上课

　　　 응용표현 난 밥 다 먹으면, 바로 영화 보러 가려고. (打算, 吃饭)

　　　 ⇨ _____

⑦ 그는 나에게 선물을 많이 주었다.

⇨ 他送了我很多礼物。

　 목적어를 두 개 갖는 동사

　　　 응용표현 너 우리한테 영어 가르쳐줄래教?

　　　 ⇨ _____

⑧ 그가 중국에 온 지 반 년이 되었다.

⇨ 他来中国半年了。

　 비지속동사+목적어

　　　 응용표현 그가 이곳을 떠난 지离开这里 일 년이 되었네요.

　　　 ⇨ _____

4. 교정 연습 앗! 나의 실수~

1 明天早上我们出发公司。 →

2 我弟弟去图书馆要借一本小说。 →

3 这部电影我还再想看一遍。 →

4 他们快结婚三年了。 →

5. 활용하기 나의 작문 실력 뽐내기

다음 단어로 멋진 문장을 만들어볼까요?

1 我　旅游　打算　杭州　去

→ _____

2 我们　吃　去　多　了　很　小吃　夜市

→ _____

3 我　炒饭　最　吃　爱　的　你　做

→ _____

여러분의 작문 실력을 보여주세요~

4 작년에 우리 만난 적过 있어, 나 그 사람 알아认识.

→ _____

5 오늘 모임聚会에 난 참가할参加 수가 없어.

→ _____

6 기분心情이 안 좋을 때, 나는 청소를 해打扫卫生.

→ _____

7 너희 아빠는 어디에서 근무하시니工作?

→ _____

아침에 일어나서 세수를 하고,

간단하게 빵 하나와 사과 한 개, 그리고 우유 한 잔을 먹는다.

학교 수업을 마치면, 아르바이트를 간다.

집에 오는 길에 헬스클럽에 들러 운동을 한 시간 하고,

집에 오면 리포트를 쓰고 블로그를 관리한다.

바쁜 하루를 이렇게 마감한다.

다음 단어들을 이용하여 일기를 써보세요!

간단하게 简单地 jiǎndān de |
수업을 마치다 下了课 xià le kè |
아르바이트하다 打工 dǎ gōng |
헬스클럽 健身房 jiànshēnfáng | 블로그 博客 bókè |
마치다, 마감하다 结束 jiéshù

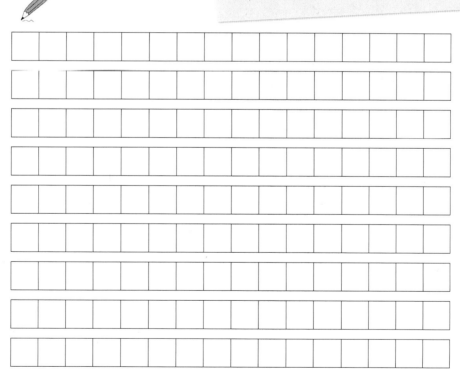

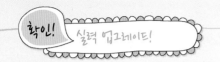

　　早晨起来去洗洗脸，简单地吃一

个面包和一个苹果，再喝一杯牛奶。

↳ 再加　　종류가 추가되므로 再加를 써주는 것이 자연스럽다.

　　下了课去打工。

　　回家的时候，顺便去健身房一个

小时锻炼，回家后写报告，打开我的

보어는 서술어 뒤에 위치한다.　↳ 到

博客看看。

　　忙的一天这样就结束了。

碌

10과 '아' 다르고 '어' 다른 어기조사

우리들은 일상생활에서 매우 다양한 감정을 느낍니다. 룰루랄라 신이 나다가도 어쩐지 슬퍼지고, 의욕을 잃을 때도 있고, 누군가를 신나게 때려주고 싶을 만큼 분노로 이글거리기도 하지요. 이렇게 다양한 상황과 감정에 따라 말투나 표정, 억양도 달라집니다.

이런 다양한 감정을 표현할 수 있게 도와주는 것이 바로 '어기조사(语气助词)'랍니다. 어기조사와 친해지면, 더욱 능숙하고 자연스럽게 중국어를 쓸 수 있어요.

1. 시도하기 　몸풀기 작문 연습! 시~작! ♪

① 이 아이는 정말 귀엽구나!

①아이 小孩 xiǎohái
귀엽다 可爱 kě'ài
~하구나 啊 a

② 너도 가니?

②~하니? 吗 ma

③ 밍밍이가 춤을 추고 있어요.

③~하는 중이다
正在…呢 zhèngzài…ne
춤추다 跳舞 tiào wǔ

④ 너 빨리 말해봐.

④빨리 快 kuài
~하라 吧 ba

⑤ 선생님이시잖아요, 먼저 앉으세요.

⑤~잖아요 嘛 ma
먼저 先 xiān
앉다 坐 zuò

⑥ 난 중국을 좋아하는데, 너는?

⑥좋아하다 喜欢 xǐhuan
~는 어때? 呢 ne

2. 발견하기 중국어 어법의 세계로~!

1 어기조사 맛보기

 기본 형식

时间过得真快啊! 시간이 정말 빨리 간다!
　　　↖ 감탄

你喜欢吃炸酱面吗? 너 자장면 먹는 거 좋아해?
　　　　↖ 의문

我很忙，你呢? 난 바쁜데, 너는?
　　↖ 확인(생략의문문)

咱们快走吧。 우리 빨리 가요.
　　↖ 재촉

他嘛，非常懂事。 그는 말이지, 정말 철이 들었다고.
　↖ 상대방의 주의를 끎

2 어기조사의 종류

1. 긍정, 재촉, 동의, 당부하는 啊

这个小孩真可爱啊! 이 아이는 정말 귀엽구나! ← 시도하기 ❶
快跑啊! 빨리 도망쳐!
好啊，我也去。 좋아, 나도 갈게.
路上小心啊! 가시는 길 조심하세요.

> ＊ [a], [e], [ü], [i]로 끝나는 단어 뒤에 啊가 올 경우, 呀로 바뀝니다.
> 这是什么东西呀! 이게 뭐야?
> 漂亮什么呀! 예쁘긴 뭐가 예뻐요!

2. 의문문을 만드는 吗

你也去吗? 너도 가니? ← 시도하기 ❷
你见过他吗? 그 사람 만난 적 있어요?
你妈妈回来了吗? 너희 어머니는 돌아오셨니?

3. 의문, 추측, 생략, 진행을 나타내는 呢

他在哪儿呢?   그 사람 어디 있지?

明明正在跳舞呢。   밍밍이가 춤을 추고 있어요. ←[시도하기 ❸]

我想吃中国菜，你呢?   난 중국요리 먹고 싶은데, 너는?

我喜欢中国，你呢?   난 중국을 좋아하는데, 너는? ←[시도하기 ❺]

4. 명령, 상의, 동의하는 吧

你快说吧。   너 빨리 말해봐! ←[시도하기 ❹]

他是你的同事吧?   저 친구 자네 동료지?

好吧，我陪他去吧。   좋아요, 제가 저분을 모시고 가겠어요.

※ 吧는 '可能, 也许, 大概, 一定' 등과 주로 호응합니다.

5. 당연한 일을 상기시키거나 상대방의 주의를 끌 때, 부탁, 기대, 저지하는 嘛

你是老师嘛，你先坐吧。   선생님이시잖아요, 먼저 앉으세요. ←[시도하기 ❺]

应该互相帮助嘛。   당연히 서로 도와야지.

不要哭嘛。   울지 말라니까.

3 어기조사에서 반드시 알아둘 것!

1. 어기조사는 단독으로 문장 성분이 될 수 없습니다.

갑니까? 去吗? (○)   피곤해요? 累吧? (○)

2. 어기조사는 문장 끝에만 위치합니다.

그는 공부하고 있어요.   他在学习呢。(○)   他在呢学习。(×)

3. 의문사로 묻는 의문문, 정반의문문에는 어기조사 吗를 쓸 수 없습니다.

너 뭐 먹을래?   你吃什么? (○)   你吃什么吗? (×)

너 학생이니, 아니니?   你是不是学生? (○)   你是不是学生吗? (×)

3. 검토하기  아~ 이게 이거였구나~!

① 좋아, 나도 너희들이랑 같이 갈게.

 好啊，我也跟你们一起去。
　　　　　동의의 어감

　　　응용표현 맞아요是, 나도 하나 샀어요.

　　　 _____

② 이거 뭔데, 이렇게 흉측스러운 거야!

 这是什么东西呀，这么难看！
　　　　　　　　의문의 어감

　　　응용표현 저 사람 누군데, 너 저 사람 알아?

　　　 _____

③ 그 사람들 안 올 건가 보죠?

 他们不来了吧?
　　　　　추측의 어감

　　　응용표현 너희들 준비 거의 다差不多 됐지?

　　　 _____

④ 어른이시잖아요, 먼저 드세요.

 您是长辈嘛，您先吃吧。
　　　　　당연한 사실 강조

　　　응용표현 날씨가 좋잖아不错, 우리咱 꽃시장 가자.

　　　 _____

⑤ 밍밍이는요? 왜 안 보여요?

⇨ **明明呢? 怎么不见了?**

생략의문문

응용표현 네 여동생은? 집에 없어?

⇨ _____

⑥ 네 여동생 예쁘니?

⇨ **你妹妹漂亮吗?**

의문문

응용표현 이거 네 책, 맞니对?

⇨ _____

⑦ 곧 시험이야, 너 열심히 시험 공부해라.

⇨ **快考试了, 你好好复习吧。**

권유의 어감

응용표현 날이 어두워졌어, 너 얼른快 집에 가.

⇨ _____

⑧ 이거 말야, 지금은 얘기하기가 안 좋네.

⇨ **这个嘛, 现在不好说。**

화제 전환, 주의 환기

응용표현 외국어를 공부하는 일이 말이지, 그리 쉬운 게容易 아니야.

⇨ _____

4. 교정 연습 앗! 나의 실수~

1 那好呀，就这么定了。 →

2 好吃，多吃点儿嘛。 →

3 他还没办手续的，怎么能出国呀？ →

4 你这个笨蛋，人家喜欢你呀。 →

5. 활용하기 나의 작문 실력 뽐내기

다음 단어로 멋진 문장을 만들어볼까요?

1 建议　我　大家　啊　最好　那儿　别　去

→ _____

2 你　好好儿　要　呀　学习

→ _____

3 你　这儿　是　到　吗　今天　的

→ _____

여러분의 작문 실력을 보여주세요~

4 말도 마别提了, 그 애 정말 불쌍해可怜!

→ _____

5 내일 아침 일찍 떠나야赶路 하니까, 너도 일찍早点儿 자려무나.

→ _____

6 너한테 내 중국 소설책小说 있니?

→ _____

7 제가 그랬잖아요, 그 사람 절대绝 그런 사람那种人 아니에요.

→ _____

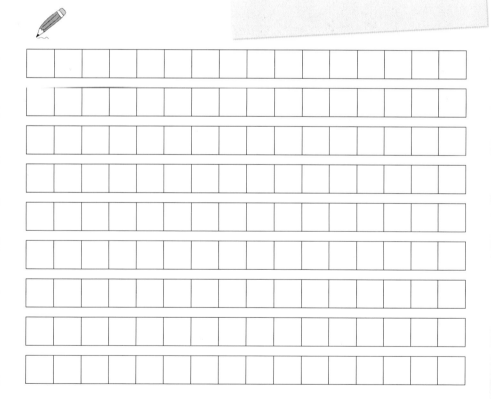

도전! 나만의 심플 다이어리

내일 너 이사하지?

내가 가서 도울 수 있을 것 같은데.

이삿짐센터에서 오기로 했다고?

그래도 친구인 내가 가서 너랑 함께 해야지.

너무 피곤하지 않겠냐고?

매일 이사하는 것도 아니잖아, 걱정 마.

그럼 내일 아침에 보자! 잘 자~

다음 단어들을 이용하여 일기를 써보세요!

이사하다 搬家 bān jiā | 돕다 帮 bāng |
이삿짐센터 搬家公司 bānjiā gōngsī |
걱정하다 担心 dānxīn | 잘 자 晚安 wǎn'ān

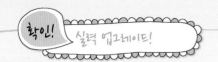

你 明 天 搬 家 吧 ?

我 可 以 去 帮 你 搬 家 。

你 说 搬 家 公 司 的 人 要 过 来 ?

会 ← 이삿짐센터 직원이 올 예정임을 뜻하므로
조동사 会를 써준다.

那 也 得 我 这 个 朋 友 去 帮 你 才 对 。

긍정 당부하는 어감의 어기조사 啊를 쓰면   啊
의미가 더 잘 전달되고 자연스럽다.

你 怕 我 累 呀 ?

太

你 也 不 是 天 天 搬 家 嘛 , 不 用 担 心

又 부정을 강조하는 어감을 나타낼 때
부사 又를 쓴다.

啦 。

那 明 天 早 上 见 ! 晚 安 ~

딱 두 개뿐인 부정부사
不·没有

'잘 모르겠어요', '아직 못 먹었어요', '이건 별로 좋지 않은데요' 같은 부정문을 만들 때는 서술어 앞에 부정부사를 써주어야 합니다. 중국어에는 부정부사가 딱 두 개밖에 없어요.

하나는 不, 하나는 没有인데, 이 중에서 没有는 没만 쓰는 경우가 많답니다. 不와 没有의 쓰임이 좀 다르긴 하지만 둘의 가장 큰 차이는 不는 주로 주관적인 것을 부정하고, 没有는 객관적인 사실을 부정한다는 것이지요.

1. 시도하기 몸풀기 작문 연습! 시~작!

① 나는 사과 먹는 거 안 좋아해.

① 사과 苹果 píngguǒ

② 오늘 날씨가 안 좋아요.

② 날씨 天气 tiānqì

③ 나 먹기 싫어졌어.

③ 더 이상 ~하지 않다
不…了 bù…le

④ 오늘 그는 점심을 못 먹었다.

④ 점심 午饭 wǔfàn

⑤ 난 한 번도 미국에 가본 적이 없어.

⑤ 여태껏 ~한 적이 없다
从来没…过
cónglái méi…guo

⑥ 그 사람 도착했나요, 안 했나요?

⑥ 도착하다 到 dào

2. 발견하기   중국어 어법의 세계로~! ③

1 부정부사 不, 没有 맛보기

기본 형식

我**不**去中国。　　　　　　　　　　　　난 중국에 안 가요.
↖ 주관적인 부정

我**没**去中国。　　　　　　　　　　　　난 중국에 못 갔어요.
↖ 객관적인 부정

2 不와 没有 구분하기

	不	没有
1	不+동사 : 동작 행위나 관계를 부정	没+동사 : 동작 행위의 발생이나 완성을 부정
	我不喜欢吃苹果。 나는 사과 먹는 거 안 좋아해. ← 시도하기 ❶	今天他没(有)吃午饭。 오늘 그는 점심을 못 먹었다. ← 시도하기 ❹
2	不+형용사 : 사물의 성질을 부정	没+형용사 : 변화나 완성을 부정
	今天天气不好。 오늘 날씨가 안 좋아요. ← 시도하기 ❷	这个葡萄还没熟呢。 이 포도 아직 안 익었어요.
3	不 : 주관적인 의지 부정	没 : 객관적인 과정 부정
	我不吃米饭，我想吃面条。 나 밥 안 먹어, 국수 먹고 싶어.	我没吃米饭，我吃了一碗面条。 나 밥 안 먹고, 국수 한 그릇 먹었어요.
4	不는 과거, 현재, 미래에 씀	没는 과거와 현재에만 씀
	昨天我不去图书馆，今天也不去。 어제 난 도서관에 안 갔는데, 오늘도 안 갈 거야. 明天下雨，我不去图书馆了。 내일 비가 오면, 난 도서관에 안 갈 거야.	我从来没去过美国。 난 한 번도 미국에 가본 적이 없어. ← 시도하기 ❺ 他昨天没来，今天也没来。 그는 어제도 안 왔고, 오늘도 안 왔어요.
5	不는 자주 행하는 동작, 습관적인 동작 부정	没는 습관적인 동작을 부정할 수 없음
	他常常不吃早饭。 그는 자주 아침밥을 안 먹는다.	他常常没吃早饭。(×) 그는 자주 아침밥을 먹은 적이 없다. (의미 불분명)
6	不는 조동사, 심리동사, 관계동사 부정 가능	没는 소수 조동사만 부정 가능, 심리동사, 관계동사 부정 불가
	我不想看。 난 보고 싶지 않아. 我不认识你。 난 당신을 몰라요.	我没能赶上飞机。 난 비행기를 못 탔어. 我没认识你。(×) 저는 당신을 안 적이 없습니다. (의미 모순)
7	不+了 : 상황에 변화가 생겼음을 표현	没+了 : 어떤 동작을 실행하지 못했음을 표현
	我不想吃了。 나 먹기 싫어졌어. ← 시도하기 ❸	我三天没吃，没喝了。 난 삼 일 동안 먹지도 마시지도 못했어요.

3 부정부사 주의사항

1. 부정부사는 전치사 앞에 위치합니다.

我还没给他写信呢。　　　　　　난 아직 그에게 편지를 쓰지 않았어요.

我不跟他一起去。　　　　　　　난 그 사람이랑 같이 가지 않아요.

2. 대부분의 부사는 부정부사 앞에 위치합니다.

分手以后我一直没见过他。　　　헤어진 후, 나는 그를 계속 못 만났어요.

他还是不肯跟我说话。　　　　　그는 여전히 나랑 말하려 하지 않아요.

3. '马上, 只, 光, 净, 仅, 一起, 一块儿'과 같은 부사는 부정부사 뒤에 위치합니다.

我说过不只一次了。　　　　　　내가 한두 번 말한 게 아니잖아.

4. 부사 '都, 很, 全, 太'는 부정부사 앞뒤에 모두 쓰일 수 있지만, 위치에 따라 뜻이 달라집니다.

他们全不是中国人。　　　　　　그들은 다 중국인이 아니에요.

他们不全是中国人。　　　　　　그들이 다 중국인은 아니에요.

今天天气很不好。　　　　　　　오늘 날씨가 아주 안 좋아요.

今天天气不很好。　　　　　　　오늘 날씨가 그다지 좋지 않네요.

5. 연동문과 겸어문에서, 부정부사는 첫 번째 동사 앞에 위치합니다.

我不去图书馆看书。　　　　　　난 도서관으로 책 보러 가지 않아요.

我没叫他来这儿。　　　　　　　전 그 사람을 여기 오라고 하지 않았어요.

6. 동태조사를 쓰는 문장을 반복의문문으로 만들 때는 没有를 씁니다.

他到了没有?　　　　　　　　　그 사람 도착했나요, 안 했나요? ← 시도하기 ⑤

这部电影你看过没有?　　　　　이 영화 너 봤니?

3. 검토하기 아~ 이게 이거였구나~! ③

① 내일 나 회사에 <u>안 가요</u>.

⇨ **明天我不去公司。**
　　　주관적인 의지 표현

> **응용표현** 난 국수 안<u>不</u> 먹어요吃, 빵 먹을 거예요.

⇨ _____

② 그 친구는 영어 회화를 <u>유창하게 못해요</u>.

⇨ **他英语说得不流利。**
　　　　형용사 부정

> **응용표현** 난 안 바빠, 그저 바쁜 척만 하는 거야瞎忙.

⇨ _____

③ 밍밍이는 아직 <u>도착 안 했어</u>.

⇨ **明明还没到呢。**
　　　객관적인 사실의 부정

> **응용표현** 나는 그녀가 우는 걸 한 번도 본 적이 없다从来没.

⇨ _____

④ 오늘 <u>다 못하면</u> 내일 계속 하지 뭐.

⇨ **今天做不完，明天继续做！**
　　　가능보어의 부정형

> **응용표현** 이 문제는 우리가 해결할解决 수 없어요.

⇨ _____

⑤ 아빠가 나한테 말을 못 하게 하셔서, 난 말을 안 했어.

⇨ **爸爸不让我说，我就没说。**

　　사역동사 让 부정

　응용표현 엄마는 내가 TV를 못 보게看 하신다.

　⇨ _____

⑥ 그는 수영하러 가기 싫어졌다.

⇨ **他不想去游泳了。**

　　不…了 : 상황의 변화를 나타냄

　응용표현 지금은 나 자장면炸酱面 먹는 거 싫어졌어.

　⇨ _____

⑦ 그날 밤 내가 왜 너를 못 봤을까?

⇨ **那天晚上我怎么没看见你？**

　　결과보어 부정

　응용표현 난 정말이지 그 사람도 여기 오리란 생각을 못 했어没想到.

　⇨ _____

⑧ 짐은 그 사람이 가져가지 않았다.

⇨ **行李没被他拿走。**

　　피동문 부정

　응용표현 베란다에 있는 생선은 고양이가 먹지 않았다.

　⇨ _____

4. 교정 연습 앗! 나의 실수~

1 我昨天不见到他。 → [   ]

2 我们以前没认识，刚认识不久。 → [   ]

3 我们星期六没上班。 → [   ]

4 我从来不喝过酒，今天是第一次喝。 → [   ]

5. 활용하기 나의 작문 실력 뽐내기

다음 단어로 멋진 문장을 만들어볼까요?

1 来　我　中国　以前　汉语　过　没　学

→ _____

2 你　为什么　知道　明明　上课　没　来　吗

→ _____

3 唱　他　好　歌　得　不

→ _____

여러분의 작문 실력을 보여주세요~

4 난 전에는以前 차茶를 안 좋아했는데, 지금은 좋아해.

→ _____

5 우리 아빠는 전혀从来 담배를 안 피우세요.

→ _____

6 뭘 먹든 전 다 괜찮아요没关系.

→ _____

7 나는 내가自己 우승冠军을 하리라곤 정말真 생각지도 못했어.

→ _____

오늘은 면접 보러 가는 날.

긴장한 탓에 아침도 못 먹었는데, 배고프다는 생각도 안 드네.

제발 이번이 마지막 면접이었으면 좋겠어.

너도 불합격했을 때 기분이 어떤지 알지?

그래도 끝까지 자신감을 잃으면 안 된다고!

어려움은 극복할 수 있는 거잖아.

다음 단어들을 이용하여 일기를 써보세요!

면접 보다 面试 miànshì | 긴장하다 紧张 jǐnzhāng |
~라고 느끼다 觉得 juéde | 마지막 最后一次 zuìhòu yí cì |
불합격하다 不及格 bù jígé | 기분 滋味儿 zīwèir |
자신감을 잃다 失去信心 shīqù xìnxīn |
어려움 困难 kùnnan | 극복하다 克服 kèfú

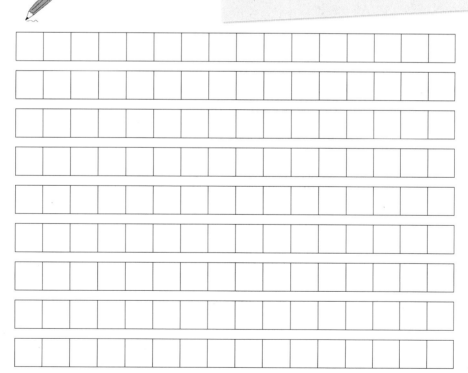

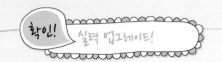
今天又去面试。

↳ 要 아직 면접을 안 끝낸 상태기 때문에 要를 써야 한다.
又는 이미 발생한 일에 쓴다.

紧张得我早饭都没吃，可不觉得

很饿。

希望这次面试是我一生的最后一

中

次面试。

你也知道不及格时的味儿吧？

↳ 滋味儿 기분이나 심리 상태는 滋味儿이라 한다.

那也绝不能失去了信心！

그러면 안 된다고 충고하는 것이기 때문에, 이미 발생했음
을 뜻하는 了는 전달하려는 의미와 모순된다.

困难，是可以克服的。

12과 팔방미인 在字句

중국어 동사 중에는 1인 다역 배우처럼 천의 얼굴을 가진 동사가 있는데, 바로 在입니다. 在는 동사, 전치사, 결과보어, 진행부사로 쓰이는데, 특히 동사, 전치사, 결과보어로 쓰일 때는 항상 장소와 관련된 목적어만 고집하기 때문에 잘 알아둬야 하지요.

네? 在 뒤에 사람이 오면 어떻게 되느냐고요? 그럴 땐 지시대명사 这儿, 那儿을 붙여서 사람마저도 장소명사로 바꿔준답니다.

1. 시도하기 몸풀기 작문 연습! 시~작!

① 엄마는 2층에 계셔, 너 올라가 봐.

①2층 楼上 lóushàng
　〜에 있다 在 zài

② 일요일에 나는 집에서 쉬어요.

②〜에서 在 zài
　쉬다 休息 xiūxi

③ 우리는 중국어를 공부하고 있어요.

③〜하는 중이다 在 zài

④ 그는 지하철역 근처에 살아요.

④〜에 살다 住在 zhùzài
　지하철역 地铁站 ditiězhàn
　근처 附近 fùjìn

⑤ 밍밍이 집에 없어, 아침 일찍 나갔어.

⑤아침 일찍
　一大早 yí dà zǎo

⑥ 그 사람 어디서 음악을 듣나요?

⑥어디 哪儿 nǎr
　음악 音乐 yīnyuè

2. 발견하기 중국어 어법의 세계로~!

1 在의 다양한 쓰임새 맛보기

在는 동사, 전치사, 진행부사, 결과보어로 쓰입니다. 在가 동사, 전치사, 결과보어로 쓰일 때는 뒤에 항상 '장소 목적어'가 나옵니다.

기본
형식

| 我爸爸在公司。 | 우리 아빠는 회사에 계세요. |
↖ 동사

| 星期天我在家休息。 | 일요일에 나는 집에서 쉬어요. ← 시도하기 ❷
↖ 전치사

| 我们在学习汉语。 | 우리는 중국어를 공부하고 있어요. ← 시도하기 ❸
↖ 진행부사

| 你把书放在这儿吧。 | 책을 여기에 놔두세요. |
↖ 결과보어

2 在字句 주의사항

1. 在가 동사, 전치사, 결과보어로 쓰일 때는 항상 장소 목적어가 동반됩니다.

妈妈在楼上，你上去吧。　　　엄마는 2층에 계셔, 너 올라가 봐. ← 시도하기 ❶
他住在地铁站附近。　　　　　그는 지하철역 근처에 살아요. ← 시도하기 ❹

2. 목적어가 사람일 경우, 지시대명사 '这儿, 那儿'을 써서 장소화합니다.

你的书包在我这儿。　　　　　네 책가방 나한테 있어.
明天我们一起去金老师那儿吧。　내일 우리 같이 김 선생님께 가죠.

3. 在는 보통 부정부사 不로 부정합니다.

明明不在家，一大早就出去了。　밍밍이 집에 없어, 아침 일찍 나갔어. ← 시도하기 ❺

4. 在가 진행부사로 쓰일 때, 부정형은 没在로 써줍니다.

他没在看书，他在玩儿。 　　　　그는 책 보고 있는 게 아니라, 놀고 있어요.

我们没在睡觉，我们在装睡觉。 　　우린 자고 있는 게 아니라, 자는 척하는 거예요.

5. 在가 결과보어로 쓰일 때는 把字句를 동반하는 경우가 많습니다.

你把电脑放在桌子上吧。 　　　　컴퓨터를 책상 위에 놔주세요.

我把手机丢在车上了。 　　　　난 휴대폰을 차에서 잃어버렸어.

6. 在字句의 의문문 만들기

他在哪儿听音乐？ 　　　　그 사람 어디서 음악을 듣나요? ← 시도하기 ⑤

明明在家吗？ 　　　　밍밍이 집에 있어요?

你在干什么呢？ 　　　　너 뭐 하고 있니?

3. 검토하기 아~ 이게 이거였구나~!

① 아빠는 서재에서 책을 보신다.

⇨ **爸爸在书房看书。**

전치사 : ~에서

> **응용표현** 우리는 회의실会议室에서 문제에 대해 토론하고 있다.

⇨ _____

② 한 선생님 댁에 계신가요?

⇨ **韩老师在家吗?**

동사 : ~에 있다

> **응용표현** 내 휴대폰 너한테你那儿 있어?

⇨ _____

③ 언니는 전화를 받고 있어요.

⇨ **姐姐在接电话呢。**

진행부사 : ~하는 중이다

> **응용표현** 그 사람들 싸우고吵架 있어요.

⇨ _____

④ 너 우표를 편지 봉투에 붙여.

⇨ **你把邮票贴在信封上边吧。**

결과보어

> **응용표현** 너 노트북笔记本을把 내 책가방 속里에 넣어줘放在.

⇨ _____

⑤ 남동생은 TV 보는 게 아니라, 숙제하고 있어요.

⇨ **弟弟没在看电视，他在做作业。**

　　　진행형 부정 : ~하지 않는다

　　응용표현 밍밍이는 그림 그리지 않고, 달리기하고 있어요.

⇨ _____

⑥ 사장님 사무실에 안 계세요, 출장 가셨어요.

⇨ **老总不在办公室，他出差去了。**

　　　동사 용법 부정 : ~에 있지 않다

　　응용표현 그 앤 도서관에 없어요, 서점 갔어요.

⇨ _____

⑦ 나는 아빠와 언니 중간에 앉아 있어.

⇨ **我坐在爸爸和姐姐中间。**

　　　결과보어

　　응용표현 밍밍이 뒤后面에 서 있는站在 여학생이 우리 언니야.

⇨ _____

⑧ 너 어디에 있니?

⇨ **你在什么地方呢?**

　　　의문형

　　응용표현 밍밍아, 나 왔어, 너 어디哪儿 있니?

⇨ _____

4. 교정 연습 앗! 나의 실수~

1 你的自行车有地下车库里。 →

2 我在家复习功课的，你呢？ →

3 他们不在吵架，他们在讨论呢。 →

4 你把电脑放给这儿吧。 →

5. 활용하기 나의 작문 실력 뽐내기

◌ 다음 단어로 멋진 문장을 만들어볼까요?

1 在　我　报告　办公室　写

→ _____

2 你　在　地方　现在　什么

→ _____

3 我　准备　妈妈　在　晚饭

→ _____

◌ 여러분의 작문 실력을 보여주세요~

4 네 모자帽子 책상 위上에 있어.

→ _____

5 우린 다 한 선생님 댁家에서 밥을 먹고 있어. 너도 빨리快 와过来.

→ _____

6 사장님老总은 회의开会 중이십니다. 잠시만一会儿 기다려주세요.

→ _____

7 난 선생님의 말씀을 마음속에心里 새겼다记.

→ _____

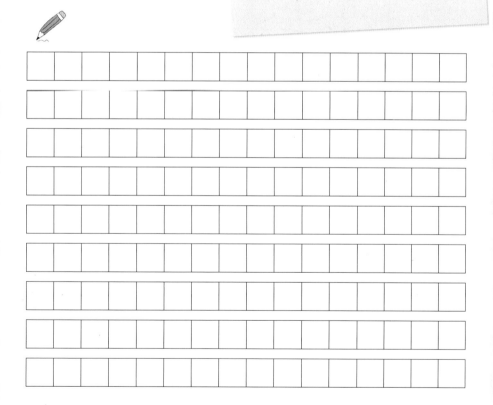

노동절 휴가 잘 보냈어요?

난 휴가 기간 내내 집에만 있었어요.

집에서 책도 보고, 영화도 보고, 늦잠도 실컷 자고…

정말 잘 쉬었답니다.

일 안 하고 이렇게 계속 쉴 수 있으면 얼마나 좋을까요?

그럼 월급은 누가 주냐고요?

그냥 손가락만 빨 수밖에요~ 하핫~

다음 단어들을 이용하여 일기를 써보세요!

노동절 휴가 五一假期 WǔYī jiàqī | 머물다 呆 dāi |
만약에 如果 rúguǒ | 계속 继续 jìxù | 월급 工资 gōngzī |
가난하다, 먹을 게 다 떨어지다 喝西北风 hē xīběifēng

五一假期过得好吗？

五一，我一直呆在家里。

我在家看书、看电影、睡个够。

> 睡懒觉

这次休息得很好。

如果不去上班，继续在家里休息

> 能

的话，这好得不能再好了。

> 再好不过了 '더 바랄 것이 없다'라는 뜻으로 더 자연스럽다.

那么谁给我保证我的工资啊？

> 发工资呢? '내 월급을 줄 사람이 없다'는 뜻이므로
> 发工资라고 쓰는 것이 좋다.

那只能是喝西北风了~哈哈~

> '손가락을 빤다'는 것은 '먹을 게 없다'는 뜻이므로
> 관용어 喝西北风을 써주면 더 맛깔스럽다.

13과 무엇이든 물어보세요
의문문

궁금한 게 있을 땐 의문문을 쓰지요? 그런데 같은 내용을 묻더라도, 누구한테 어떤 느낌으로 묻는지에 따라 여러 가지 의미로 전달될 수 있죠. 오늘은 상대방에게 호감을 줄 수 있는 '묻기 방법'을 배워볼까 해요. 똑같은 물음이라도 어떤 어기조사를 쓰느냐에 따라, 어떤 의문사를 쓰느냐에 따라 달라지는 '맛'을 한번 느껴보세요~

1. 시도하기 몸풀기 작문 연습! 시~작!

① 이거 네 거니?

①~니? 吗 ma

② 너 피곤해, 안 피곤해?

②피곤하다 累 lèi

③ 자네 음료수 마시겠나, 아니면 술 마시겠나?

③마시다 喝 hē
음료수 饮料 yǐnliào
아니면 还是 háishi
술 酒 jiǔ

④ 그 사람 어디 있어요?

④~에 있다 在 zài
어디 哪儿 nǎr

⑤ 저 애 밍밍이 아니니?

⑤~ 아니니?
不是…吗? bú shi…ma?

⑥ 설마 너 정말 모르는 거야?

⑥설마 ~란 말인가?
难道…吗? nándào…ma?
정말로 真的 zhēnde

2. 발견하기 중국어 어법의 세계로~!

1 의문문 맛보기

중국어의 의문문에는 吗로 묻는 의문문, 정반의문문, 의문사로 묻는 의문문, 선택의문문이 있습니다. 중국어의 의문문은 동사나 의문사를 문장 앞으로 전치시키지 않고, 문장 끝에 吗만 써주면 됩니다. 의문사를 사용할 때는 알고 싶은 내용이 본래 들어갈 자리에 의문사를 써줍니다.

 기본형식

你好吗?　　　　　　　　　　잘 지내세요?

ㄴ 기본의문문 : 어기조사 吗로 묻는다

你喝不喝茶?　　　　　　　　차 마실 거야, 안 마실 거야?

ㄴ 정반의문문 : 동사의 긍정형+부정형

你什么时候回来?　　　　　　너 언제 돌아오니?

ㄴ 의문사로 묻는 의문문 : 궁금한 내용이 들어갈 자리에 의문사를 넣는다.
많이 쓰는 의문사 : 시간 什么时候, 사람 谁, 사물 什么, 장소 哪儿,
방식 怎么, 상태 怎么样, 원인 为什么

你想买裙子还是买裤子?　　　너 치마 살래, 아니면 바지 살래?

ㄴ 선택의문문

2 의문문 핵심 파악하기

1. 의문문의 기본형은 문장 끝에 吗를 씁니다.

这是你的吗?　　　　　　　이거 네 거니?　←〔시도하기 ❶〕

昨天晚上下雪了吗?　　　　어젯밤에 눈이 왔나요?

2. 의문사로 묻는 의문문과 정반의문문에는 吗를 붙이지 않습니다.

너 피곤해, 안 피곤해?　你累不累? (○) 你累不累吗? (×)　←〔시도하기 ❷〕

그 사람 어디 있어요?　他在哪儿? (○) 他在哪儿吗? (×)　←〔시도하기 ❹〕

3. 의문사는 묻고자 하는 내용이 들어갈 위치에 써줍니다.

谁是你姐姐?　　　　　　　　　　누가 너희 언니야?
　↖ 주어

你在哪儿学习?　　　　　　　　　　넌 어디에서 공부하니?
　　　↖ 부사어

4. 선택의문문은 반드시 주어진 상황 중에 한 가지를 선택해야 할 때 씁니다.

A : 你喝饮料还是喝酒?　　　　　　자네 음료수 마시겠나, 아니면 술 마시겠나?　〔시도하기 ③〕
B : 我喝饮料。　　　　　　　　　　음료수 마시겠습니다.

5. 어기조사 呢와 吧를 써서 의문문을 만들기도 합니다.

我想吃比萨饼，你呢?　　　　　　난 피자가 먹고 싶은데, 너는?
这是你的手表吧?　　　　　　　　이거 네 시계지?

6. 반어문은 반박이나 강조용법으로 쓰입니다.

他不是明明吗?　　　　　　　　　저 애 밍밍이 아니니?　〔시도하기 ⑤〕
难道你真的不知道吗?　　　　　　설마 너 정말 모르는 거야?　〔시도하기 ⑤〕

3. 검토하기   아~ 이게 이거였구나~! 3

① 밖에 춥나요?

⇨ **外边冷吗?**

吗로 묻는 의문문

> 응용표현 너 배고프니饿? 난 배 안 고파. (의문문 기본 형태)
>
> ⇨ _____

② 우리 내일 가, 아니면 모레 가?

⇨ **我们明天去还是后天去?**

선택의문문

> 응용표현 넌 핸드백手提包을 사고 싶니, 아니면还是 지갑钱包을 사고 싶니?
>
> ⇨ _____

③ 여기 음식은 맛이 있어, 없어?

⇨ **这里的菜好不好吃?**

정반의문문 ~不~

> 응용표현 너 도대체到底 모레 올 거니, 안 올 거니?
>
> ⇨ _____

④ 네 전화번호가 어떻게 되니?

⇨ **你的电话号码是多少?**

의문사 多少로 묻는 의문문

> 응용표현 너 자동차 번호车牌号码가 어떻게 되니多少?
>
> ⇨ _____

⑤ 난 이게 마음에 드는데, 너는?

⇨ **我喜欢这个，你呢**?

생략의문문

승용표현 우린 다 기차 타고 갔으면 하는데, 너는?

⇨ _____

⑥ 너도 갈 거지?

⇨ **你也去吧**?

추측을 확인하는 의문문

승용표현 너 나 때문에 화났지吧?

⇨ _____

⑦ 오늘 일요일 아닌가요?

⇨ **今天不是星期天吗**?

不是…吗 : ~ 아닌가요?

승용표현 이거 네 모자帽子 아니니? 어떻게 여기 있는 거지?

⇨ _____

⑧ 설마 너 주말까지 일하는 거야?

⇨ **难道你周末也工作吗**?

难道…吗? : 설마 ~란 말인가?

승용표현 설마 저를 몰라보시는 거예요?

⇨ _____

4. 교정 연습 앗, 나의 실수~

1 你是谁吗?   →

2 你演唱会去不去?   →

3 你难道没听过说这件事吗?   →

4 他是老师还是是学生?   →

5. 활용하기 나의 작문 실력 뽐내기

🌼 다음 단어로 멋진 문장을 만들어볼까요?

1 你 个 有 妹妹 几

    → _____

2 你 吃 想 火锅 不想

    → _____

3 你 已经 不是 了 好 准备 吗

    → _____

🌼 여러분의 작문 실력을 보여주세요~

4 너 뭐 좀点儿 마실래?

    → _____

5 난 등산爬山 가고 싶은데, 너는?

    → _____

6 이거 네 것你的 아니니?

    → _____

7 설마难道 네가 날 아직还 잘 모른다고?

    → _____

내가 가장 가 보고 싶은 곳이 어디냐고?

난 프라하에 꼭 가 보고 싶어.

내 친구가 그러는데 정말 멋진 곳이라더군.

누구랑 가고 싶냐고?

뭐이라? 너랑 가면 어떻겠냐고?

헉! 한번 심각하게 고려해보겠어.

다음 단어들을 이용하여 일기를 써보세요!

프라하 布拉格 Bùlāgé |
멋진 곳 美丽的地方 měili de difang | 헉! 嗬! hè |
고려하다 考虑 kǎolù

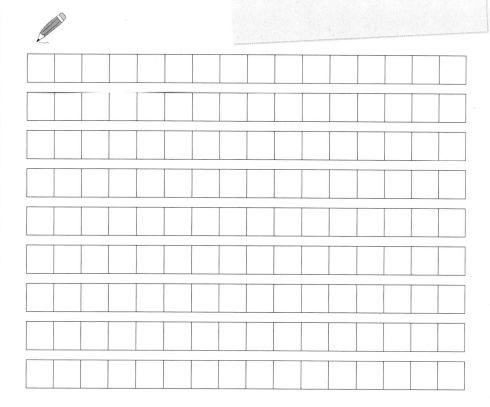

| | | 要 | 问 | 我 | 最 | 想 | 去 | 的 | 地 | 方 | 是 | 哪 | 儿 | ？ | |

| | | 我 | 很 | 想 | 去 | 布 | 拉 | 格 | 。 | | | | | | |

| | | 听 | 说 | 我 | 朋 | 友 | ， | 那 | 是 | 一 | 个 | 非 | 常 | 美 | 丽 |

听说는 이합동사이므로 목적어를 동반할 때는
'听+목적어+说' 형식으로 써야 한다.

| 的 | 地 | 方 | 。 | | | | | | | | | | | | |

| | | 你 | 再 | 想 | 知 | 道 | 我 | 想 | 跟 | 谁 | 一 | 起 | 去 | 呀 | ？ |

又 알고 싶은 것이 추가되는
것이므로 又를 쓴다.

| | | 什 | 么 | ？ | 我 | 跟 | 你 | 一 | 起 | 去 | 如 | 何 | ？ | | |

| | | 嗬 | ！ | 这 | 让 | 我 | 深 | 刻 | 考 | 虑 | 一 | 下 | 吧 | 。 | |

好好儿 한국식 중국어 표현이다. '好好儿考虑(충분히 고려하다)' 또는
'慎重考虑(신중하게 고려하다)'라고 써야 의미에 부합한다.

대상을 나타내는 전치사(1)

"그대와 함께라면 지구 끝까지 가겠어요." "이거 너에게 주는 생일선물이야."

'~와 함께라면', '~에게'처럼 동작의 대상을 알려주는 역할을 하는 전치사를 배워봅시다. 이런 전치사에는 '跟, 和, 给, 对, 对于, 关于' 등이 있어요. 전치사는 절대로 혼자 쓰일 수 없고, 반드시 뒤에 목적어를 동반합니다. 전치사의 목적어가 바로 동작의 대상이지요.

1. 시도하기 _{몸풀기 작문 연습! 시~작!}

① 우리 언니가 김 선생님과 결혼하려 해.

② 이 회사의 조건은 저 회사와 비슷해.

③ 그는 나에게 여행 가고 싶다고 말했다.

④ 우리 아빠는 자주 나에게 장난감을 사주신다.

⑤ 자금 문제에 대해, 우리는 연구를 좀 해보아야 한다.

⑥ 나는 중국 역사에 관한 책을 한 권 사고 싶어.

①~랑, ~와 跟 gēn
결혼하다 结婚 jié hūn

②회사 公司 gōngsī
조건 条件 tiáojiàn
~와 和 hé
비슷하다
差不多 chàbuduō
③~에게 对 duì
말하다 说 shuō
여행 가다
去旅游 qù lǚyóu

④자주 经常 jīngcháng
~에게 给 gěi
사다 买 mǎi
장난감, 완구 玩具 wánjù

⑤~에 대해 对于 duìyú
자금 资金 zījīn
~해야 하다 得 děi
연구하다 研究 yánjiū

⑥~에 관한 关于 guānyú
역사 历史 lìshǐ

2. 발견하기 중국어 어법의 세계로~!

1 대상을 나타내는 전치사 맛보기

'跟, 和, 给, 对, 对于, 关于' 등의 전치사를 써서 동작의 대상에 대해 이야기할 수 있습니다. 전치사는 단독으로 문장 성분이 될 수 없고, 반드시 뒤에 목적어를 동반하는 '전치사+목적어' 구조로 부사어로 쓰입니다. 전치사마다 다른 역할을 하지만, 때로는 서로 바꾸어 쓸 수 있는 경우도 있습니다.

我想跟他见面。 　　　　　　　　나는 그 사람과 만나고 싶어요.
　　　↖ ~와

我经常和同学们打羽毛球。 　　　나는 자주 반 친구들과 배드민턴을 쳐요.
　　　　↖ ~와

我给妈妈打电话了。 　　　　　　나는 엄마께 전화를 했어요.
　　↖ ~에게

我对越野车很感兴趣。 　　　　　난 SUV 자동차에 관심이 많아요.
　　↖ ~에 대해

对于这里的生活，我还不太习惯。 나는 이곳 생활에 아직 익숙하지 않아요.
　↖ ~에 대해

我在看关于中国文化的书。 　　　저는 중국 문화에 관한 책을 읽고 있어요.
　　　↖ ~에 관한

2 대상을 나타내는 전치사의 특징

1. 跟은 동작과 관계된 사람이나 사물을 나타냅니다.

　我跟这件事没关系。 　　　　난 이 일과 상관없어요.
　我姐姐要跟金老师结婚。 　　우리 언니가 김 선생님과 결혼하려 해. ←[시도하기 ❶]

2. 和는 跟과 같은 의미로, 호환해서 쓸 수 있습니다.

　这个公司的条件和那个公司的差不多。 　이 회사의 조건은 저 회사와 비슷해. ←[시도하기 ❷]

* 和가 접속사로 쓰일 때는 '열거'의 용법으로 쓰입니다.

我家有爸爸、妈妈、两个弟弟和我。　우리 집에는 아빠, 엄마, 남동생 둘, 그리고 제가 있지요.

3. 给는 어떤 동작의 영향을 받는 대상을 끌어냅니다. 조동사와 부사 뒤에 위치하고, 주어 앞에는 올 수 없습니다.

我可以给你们当翻译。　　　제가 여러분께 통역이 되어드릴 수 있어요.

我爸爸经常给我买玩具。　　우리 아빠는 자주 나에게 장난감을 사주신다. ← 시도하기 ④

4. 对는 동작의 대상을 나타내고, 태도를 강조합니다. 동사 앞, 주어 앞에 위치 가능하며, 조동사와 부사 앞뒤에 올 수 있습니다.

她对我很好。　　　　　　　그녀는 나한테 잘 해줘요.

他对我说，他想去旅游。　　그는 나에게 여행 가고 싶다고 말했다. ← 시도하기 ③

5. 对于는 동작의 대상을 나타내고 对와 호환할 수 있습니다. 주어 앞뒤에 모두 올 수 있습니다.

对于学习外语来说，语言环境很重要。외국어 학습에 대해서 말하자면, 언어 환경이 중요하죠.

对于资金问题，我们得研究研究。　　자금 문제에 대해, 우리는 연구를 좀 해보아야 한다.
← 시도하기 ⑤

6. 关于는 동작이 미치는 범위를 나타내며, 对于와 호환해서 쓰기도 합니다. 부사어로 쓰일 때는 주어 앞에만 위치할 수 있습니다.

关于你的建议，我会认真考虑的。　　자네의 제안에 대해서, 내가 진지하게 생각해봄세.

我想买一本关于中国历史的书。　　　나는 중국 역사에 관한 책을 한 권 사고 싶어.
← 시도하기 ⑥

3. 검토하기 아~ 이게 이거였구나~!

① 내일 내가 밍밍이와 같이 올게.

⇨ **明天我跟明明一起过来吧。**
　　　　_{~와}

> **응용표현** 내 선글라스는 그의 것과 완전히 똑같아一模一样.

⇨ _____

② 저는 당신과 함께 있고 싶어요.

⇨ **我希望和你在一起。**
　　　　　_{~와}

> **응용표현** 너 저 사람이랑和 무슨 사이니?

⇨ _____

③ 저 둘은 영화에 대해 관심이 많아.

⇨ **他们俩对电影很感兴趣。**
　　　　　_{~에 대해}

> **응용표현** 난 그에게 불만意见이 조금 있다.

⇨ _____

④ 난 그 사람이랑 만난 적이 없어.

⇨ **我没有跟他见面。**
　　　　　_{~와}

> **응용표현** 나는 이 일과는 상관关系없어요.

⇨ _____

⑤ 저한테 물 한 잔 따라주시겠어요?

➡ **麻烦你给我倒杯水，好吗?**
　　　～에게(동작 행위 동반)

응용표현 왕 선생님은 우리我们에게给 부사에 대해 수업을 해주셨어.

➡ _____

⑥ 일에 대해서, 그는 진심으로 책임을 다한다.

➡ **对于工作，他非常认真负责。**
　　　～에 대해

응용표현 중국의 경극京剧에 대해, 난 너무 적게 알고 있어了解.

➡ _____

⑦ 안전 문제에 관해, 우리는 소홀해서는忽略 안 된다.

➡ **关于安全问题，我们不能忽略。**
　　　～에 관해

응용표현 이 문제에 관해서는, 제가 김 군小金과 직접直接 연락하겠습니다联系.

➡ _____

⑧ 내가 너에게 주려고 먹을 것 많이 가져왔어.

➡ **我给你带来了很多吃的。**
　　　～에게

응용표현 난 밍밍이에게 책을 두 권 부쳤어.

➡ _____

4. 교정 연습 앗! 나의 실수~

1 他不对我好。 →

2 我跟我朋友一共去旅游。 →

3 我想家里给写封信。 →

4 对他，我们早就听说了。 →

5. 활용하기 나의 작문 실력 뽐내기

다음 단어로 멋진 문장을 만들어볼까요?

1 今天　我　晚上　给　电话　你　打

→ _____

2 我　不　他　想　房间　一个　住　和　同

→ _____

3 对　她　这儿　不太　的　熟悉　情况

→ _____

여러분의 작문 실력을 보여주세요~

4 이곳地方은 나에게 깊은 인상印象을 주었다.

→ _____

5 외국 유학出国留学문제에 관해서는关于, 우리 다음에 다시 얘기하자谈.

→ _____

6 그는 나에게对 많은 관심关心을 보인다.

→ _____

7 너 나랑 같이跟(和) 가고 싶니, 아니니?

→ _____

그 사람 나한테 참 잘해줘.

처음부터 지금까지, 그 사람 날 대하는 태도가 조금도 달라진 게 없단다.

그래서, 그 사람이랑 결혼하려고.

부모님은 동의하셨냐고? 당연하지.

그런데, 우리 결혼하는 것에 대해서

아직, 다른 친구들한텐 얘기하지 말아 줘.

내가 걔들 좀 깜짝 놀라게 해주려고!

무슨 말인지 알지?

다음 단어들을 이용하여 일기를 써보세요!

~에게 잘해주다 对…好 duì…hǎo | 결혼하다 结婚 jié hūn |
~의 동의를 얻다 得到了…的同意 dédào le…de tóngyì |
~에 관한 关于 guānyú | 이해하다 明白 míngbai

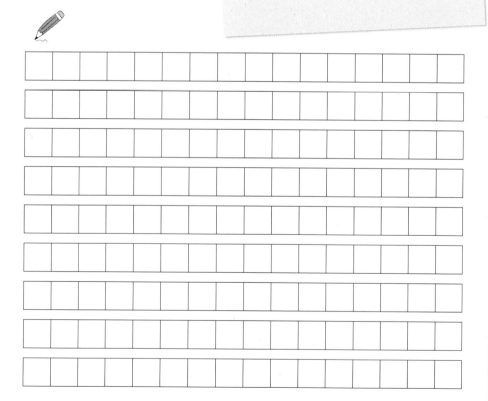

他对我很好。

　　从认识那天一直到现在，他对我

的态度一点儿都没变。

　　所以，我想结婚他。
→ 跟他结婚　结婚은 이합동사이므로 목적어를 동반할 수 없다. 반드시 '跟(和)+사람+结婚' 형식으로 써야 한다.

　　得到了两家父母的同意没有？他

们当然同意了。

　　可是对于我们结婚的事，你先别
→ 关于　결혼에 '관한' 일이므로 关于를 써주어야 한다.

告诉别的朋友了。

　　我想吓唬吓唬他们，你明白我的
→ 给大家一个惊喜!　정말로 놀라게 하는 게 아니라, '기쁜 소식을 전한다'는 의미이므로 惊喜를 써주는 것이 자연스럽다.

意思了吧？

방향과 장소를 알려주는 전치사(2)

"우리는 지금 고지를 향하여 전진하고 있다." "앗! 방금 나를 향해 웃었어!"
이렇게 방향이나 장소를 알려주는 전치사에는 '从, 从…到, 离, 向, 往, 朝' 등이 있습니다.
여러분은 오늘 어느 방향으로 가시겠어요? 전치사만 잘 사용하면 어디로든 마음대로 갈 수 있답니다.

1. 시도하기 몸풀기 작문 연습! 시~작!

① 내일 오전 아홉 시에 회사에서 출발해요.

② 여기에서 기차역까지는 멀어요.

③ 그 애 집은 학교에서 두 정거장밖에 안 걸린다.

④ 당신께 감사의 뜻을 표합니다.

⑤ 밍밍아, 계속 앞前으로 가, 돌아보지 말고!

⑥ 자, 여러분 모두 제 쪽을 보세요.

①오전 上午 shàngwǔ
~에서 从 cóng
출발하다 出发 chūfā

②~에서 ~까지
从…到… cóng…dào…
기차역 火车站 huǒchēzhàn
멀다 远 yuǎn

③~로부터 离 lí
두 정거장의 길
两站路 liǎng zhàn lù
시간이 걸리다 有 yǒu

④~에게 向 xiàng
감사를 표시하다
表示感谢 biǎoshì gǎnxiè

⑤계속 继续 jìxù
~쪽으로 往 wǎng
고개 돌리다 回头 huí tóu

⑥자~ 来 lái
~쪽으로 朝 cháo

2. 발견하기 중국어 어법의 세계로~!

1 전치사 마스터하기

전치사 '从, 从…到…, 离, 向, 往, 朝' 등은 동작의 방향이나 동작이 향하고 있는 대상을 나타내는 역할을 합니다. 이런 전치사는 보통 방위나 장소를 나타내는 명사 혹은 구를 동반하는 경우가 많습니다. 이 가운데 '向, 往, 朝'는 서로 호환해서 쓰기도 합니다.

从大学毕业后，我们没见过面。　　대학 졸업 후로 우리는 못 만났어요.
↖ ~부터

从一楼到三楼都是客房。　　1층부터 3층까지 다 객실입니다.
↖ ~에서 ~까지

动物园离我家很近。　　동물원은 우리 집에서 가까워요.
↖ ~로부터

我向上帝发誓，我是个好孩子!　　하늘에 맹세코, 난 착한 아이예요.
↖ ~을 향해

请大家往里挤一挤。　　여러분 안으로 좀 들어가주세요.
↖ ~로

他朝学校跑去。　　그는 학교 쪽으로 달려갔다.
↖ ~쪽으로

2 방향을 나타내는 전치사의 특징

1. 从은 기점을 나타내며 '到, 向, 往'과 호응합니다. 장소, 시간, 범위, 발전, 변화, 출처 등을 표현합니다.

从这条路走比较近。　　이 길로 가면 비교적 가까워요.

明天上午九点从公司出发。　　내일 오전 아홉 시에 회사에서 출발해요. ←[시도하기 ①]

2. '从…到…'는 어느 시점부터 또 다른 어느 시점까지, 어느 장소에서 다른 어느 장소까지의 기점과 종점을 표현합니다.

从九点到十点，我们上英语课。   아홉 시부터 열 시까지 우리는 영어 수업을 해요.

从这儿到火车站很远。   여기에서 기차역까지는 멀어요. ← 시도하기 ②

3. 离는 시간과 공간에서의 기점과 종점을 표현합니다. 离 뒤가 기점임을 잘 구분해두세요.

离春节还有半个月。   설까지는 아직 보름이 남았어요.

他家离学校只有两站路。   그 애 집은 학교에서 두 정거장밖에 안 걸린다. ← 시도하기 ③

4. 向은 동작의 방향과 목표, 동작의 대상을 나타내며, 결과보어로 쓰입니다.

明明向书店走过去。   밍밍이는 서점 쪽으로 걸어갔다.

我向你表示感谢。   당신께 감사의 뜻을 표합니다. ← 시도하기 ④

5. 往은 방위와 장소를 나타내는 명사나 구를 동반해 동작의 방향을 표현합니다. 결과보어로 쓰일 수 있습니다.

人往高处走，水往低处走。   사람은 높은 곳을 향해 가고, 물은 낮은 곳으로 흐른다.

明明，继续往前走，别回头!   밍밍아, 계속 앞으로 가, 돌아보지 말고! ← 시도하기 ⑤

6. 朝는 방위와 장소를 나타내는 명사나 구를 동반해 동작이 대면하고 있는 방향과 대상을 나타냅니다. 결과보어로 쓰이지 못합니다.

你家的门朝哪个方向?   너희 집 문은 어느 방향으로 나 있니?

来，大家都朝我看!   자, 여러분 모두 제 쪽을 보세요. ← 시도하기 ⑥

3. 검토하기   아~ 이게 이거였구나~!

① 나 밍밍이한테 책을 세 권 빌렸어.

⇨ **我从明明那儿借了三本书。**
　　~로부터(출발점)

> **응용표현** 오늘 밤에 우리는 상하이 기차역上海火车站에서 출발해요.
>
> ⇨ _____

② 우리는 오전 아홉 시부터 열한 시까지 회의를 했다.

⇨ **我们从上午九点到十一点开会。**
　　시간 기점 표현

> **응용표현** 그는 매일 아침부터 한밤중深夜까지 일을 한다工作.
>
> ⇨ _____

③ 선생님은 우리를 향해 고개를 끄덕이셨다.

⇨ **老师朝我们点了点头。**
　　~를 향해

> **응용표현** 창문이 남쪽南으로 열려 있다.
>
> ⇨ _____

④ 너희 회사가 여기에서 머니?

⇨ **你们公司离这儿远吗?**
　　목적지+离+출발지

> **응용표현** 학교는 정거장车站에서 가까운 편은算 아니에요. (算 : ~인 편이다)
>
> ⇨ _____

⑤ 그는 웃으면서 나를 향해 손을 흔들었다.

⇨ **他笑着向我挥了挥手。**
　　　　　　~를 향해

> **응용표현** 우린 앞을向前 쳐다봐야 해, 뒤돌아보지 말고.
>
> ⇨ _____

⑥ 이번 열차는 꾸에이린桂林행입니다.

⇨ **本次列车开往桂林。**
　　　　　동사+往 : ~로 가는, ~행의

> **응용표현** 베이징으로 가는飞往 항공기는 제때按时 이륙할起飞 수 있습니다. (목적지)
>
> ⇨ _____

⑦ 밥 먹을 때까지 아직 멀었어요, 우리 먼저 얘기 좀 하죠.

⇨ **离吃饭时间还早着呢，我们先聊一会儿吧。**
　　离+특정 시간 : ~까지

> **응용표현** 시험까지 아직 일주일이 남았어요.
>
> ⇨ _____

⑧ 여기에서 동물원까지는 자전거로 가는 게 가장 편해요.

⇨ **从这儿到动物园骑自行车最方便。**
　　~(장소)에서 ~(장소)까지

> **응용표현** 머리부터 발끝까지 다 사랑스러워.
>
> ⇨ _____

4. 교정 연습 앗 나의 실수~

1 你哪里来的?   →

2 到了十字路口，从左拐就行了。   →

3 他家从我家很近。   →

4 我们表示向你祝贺。   →

5. 활용하기 나의 작문 실력 뽐내기

다음 단어로 멋진 문장을 만들어볼까요?

1 从   到   这儿   那儿   一个小时   坐   需要   车

   → _____

2 我   朝   房子   喜欢   还是   的   南

   → _____

3 离   小时   起飞   到   不   半   快点儿   你   呀

   → _____

여러분의 작문 실력을 보여주세요~

4 아홉 시부터从 열한 시까지到 난 중국어 수업을 들어.

   → _____

5 난 정말이지 어디로往哪儿 가야 할지 모르겠어.

   → _____

6 제가 정중히郑重地 선생님께向您 사과드리겠습니다.

   → _____

7 그 식당은 여기서离这儿 가까우니까, 우리咱们 걸어가자.

   → _____

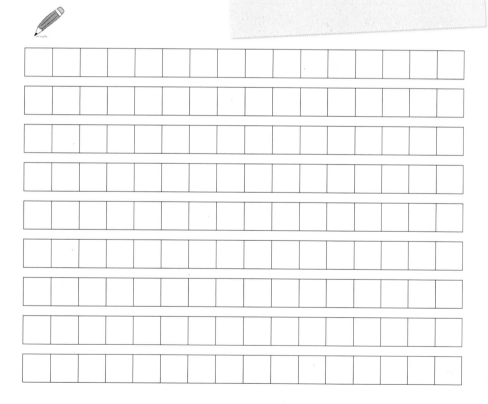

도전! 나만의 심플 다이어리

집이 지하철역에서 안 멀었으면 좋겠고요.

남향이었으면 좋겠어요.

근처에 공원하고 대형 마트가 있으면 더 좋겠지요.

보증금과 월세는 당연히 낮을수록 좋고요.

그럼 집은 이 동네에서 구하기 힘들다고요?

그래도 다시 한번 찾아봐 주실래요?

전 이 동네가 정말 좋아요.

다음 단어들을 이용하여 일기를 써보세요!

지하철역 地铁站 dìtiězhàn | 멀다 远 yuǎn |
남향 朝南 cháo nán | 보증금 押金 yājīn |
월세 月租 yuèzū | 찾아보다 找一找 zhǎo yi zhǎo |
정말 实在 shízài | 너무 太 tài

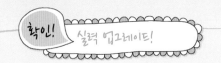

| | | 房 | 子 | 最 | 好 | 从 | 地 | 铁 | 站 | 不 | 远 | 。 | | | |

离 목적지가 '~로부터' 어느 정도의 거리인지
표현할 때는 전치사 离를 써야 한다.

| | | 朝 | 南 | 就 | 好 | 了 | 。 | | | | | | | | |

| | | 希 | 望 | 附 | 近 | 能 | 有 | 公 | 园 | 和 | 超 | 市 | 。 | | |

| | | 押 | 金 | 和 | 月 | 租 | 越 | 少 | 越 | 好 | 。 | | | | |

当然是

| | | 您 | 说 | 这 | 儿 | 附 | 近 | 没 | 有 | 符 | 合 | 这 | 样 | 条 | 件 |

| 的 | 房 | 子 | ， | 求 | 您 | 再 | 帮 | 我 | 找 | 一 | 找 | ， | 好 | 吗 | ？ |

再는 帮과 找 앞에 위치할 수 있지만 '찾아보다'라는
의미를 강조하기 위해 再를 找 앞에 쓰는 것이 좋다.

| | | 我 | 实 | 在 | 是 | 太 | 喜 | 欢 | 这 | 个 | 地 | 方 | 了 | 。 | |

| | | | | | | | | | | | | | | | |

| | | | | | | | | | | | | | | | |

16과 바람과 희망을 나타내는 조동사(1)

조동사는 주어 앞에서 동사에 힘을 실어주는 든든한 도우미입니다. 영화나 드라마 촬영장에서 스태프의 역할을 한다고 할 수 있겠네요. '이번 여름 방학에 꼭 중국 여행을 다녀오겠어요', '출출한데 라면 한 그릇 먹고 싶네요'처럼 희망하는 바를 표현하거나 강한 의지를 나타낼 때 쓰는 조동사를 배워봅시다.

1. 시도하기 몸풀기 작문 연습! 시~작!

① 올 여름에 나는 이탈리아에 가려고 해.

① 여름 夏天 xiàtiān
  ~하려고 하다 要 yào
  이탈리아 意大利 Yìdàlì

② 난 중국어를 너무 배우고 싶어.

② ~하고 싶다 想 xiǎng

③ 너 이렇게 하길 원하니?

③ 원하다 愿意 yuànyi

④ 이번에 가려는 사람이 많지 않아요.

④ 기꺼이 ~하려 하다 肯 kěn

⑤ 너 국수 먹고 싶어, 안 먹고 싶어?

⑤ 국수 面条 miàntiáo

⑥ 난 타지로 일하러 가고 싶지 않아요.

⑥ 타지 外地 wàidì
  원치 않다
  不愿意 bú yuànyì

2. 발견하기 중국어 어법의 세계로~!

1 바람과 희망을 나타내는 조동사 맛보기

바람을 나타내는 조동사에는 '要, 想, 愿意, 肯'이 있지요. 조동사는 본동사 앞에 위치해 주어의 '생각이나 의지'를 표현해줍니다. 要는 주로 결연한 의지나 이미 결정한 일을 표현하고, 想은 희망이나 계획 등에 쓰이지요. 愿意는 마음속에서 나온 소망을 표현하고, 肯은 사고하고 비교한 후 선택한 행동에 대해 쓰면 된답니다.

1. 要

| 我要学拉丁舞。 | 저 라틴 댄스를 배워 보려고요. |

↳ ~하려고 하다(강한 의지 표현)

2. 想

| 我想吃意大利面。 | 나는 스파게티가 먹고 싶어요. |

↳ ~하고 싶다

3. 愿意

| 你愿意这么做吗? | 너 이렇게 하길 원하니? ← 시도하기 ③ |
| 我愿意跟你结婚。 | 저는 당신과 결혼하고 싶습니다. |

↳ ~하길 원하다

4. 肯

| 这次肯去的人不多。 | 이번에 가려는 사람이 많지 않아요. ← 시도하기 ④ |
| 他肯教我英语。 | 그가 내게 영어를 가르쳐주려고 한다. |

↳ 기꺼이 ~하려고 하다

2 바람과 희망을 나타내는 조동사 주의사항

1. 주어의 강한 의지를 나타낼 때는 조동사 要를 씁니다.

   今年夏天我要去意大利。　　　　올 여름에 나는 이탈리아에 가려고 해. ← 시도하기 ❶

2. 要는 앞에 조동사 想을 동반하기도 합니다.

   你想要做什么?　　　　너 뭐 하고 싶은데?

3. 조동사 要를 부정할 때는 '不想(~하고 싶지 않다)'이나 '不用(~할 필요 없다)'을 씁니다.

   我不想去中国。　　　　난 중국에 가고 싶지 않아요.
   明天你不用来这儿了。　　　　너 내일 여기 올 필요 없어.

4. 조동사 想은 정도부사 '很, 非常, 特别'를 동반합니다.

   我很想学汉语。　　　　난 중국어를 너무 배우고 싶어. ← 시도하기 ❷

5. 조동사가 들어간 문장을 정반의문문으로 만들 때는 조동사를 반복합니다.

   你想不想吃面条?　　　　너 국수 먹고 싶어, 안 먹고 싶어? ← 시도하기 ❺

6. 조동사의 부정형에는 부정부사 不를 씁니다.

   我不愿意去外地工作。　　　　난 타지로 일하러 가고 싶지 않아요. ← 시도하기 ❻

3. 검토하기 아~ 이게 이거였구나~!

① 나 대학원 시험 치려고 해.

⇨ **我要考研究生。**

주어의 의지 표현

> **응용표현** 난 달나라月球에 갈 거야要.
>
> ⇨ _____

② 이 영화를 나는 한 번 더 보고 싶어.

⇨ **这部电影我还想看一遍。**

주어의 바람

> **응용표현** 나는 말이지 의리 있는讲义气 친구를 사귀고交 싶어.
>
> ⇨ _____

③ 그를 위해서, 나는 어떠한 대가라도 치를 거야.

⇨ **为了他，我愿意付出任何代价。**

주어의 소망

> **응용표현** 전 당신의 신부新娘가 되고 싶어요.
>
> ⇨ _____

④ 노력한다면, 학습 성적은 틀림없이 향상될 거야.

⇨ **只要肯努力，学习成绩一定会提高的。**

~하려고 하다

> **응용표현** 만약에 그 애가 가려고 한다면, 그 앨 보내세요.
>
> ⇨ _____

⑤ 너 나 도와주고 싶은 거야, 아니야?

⇨ **你想不想帮我的忙?**

조동사 정반의문문

응용표현 그 사람 이 일을 하려고 해肯不肯?

⇨ _____

⑥ 나 다시는 사과를 먹고 싶지 않아.

⇨ **我再也不想吃苹果了。**

不想…了 : ~하고 싶지 않다

응용표현 난 밥 먹기 싫어졌어, 너희들은 먹으러 가.

⇨ _____

⑦ 전 그 친구랑 같이 일하고 싶지 않아요.

⇨ **我不愿意跟他合作。**

조동사 부정

응용표현 네가 잘 못 지내는 건 보고看见 싶지 않아不愿意.

⇨ _____

⑧ 내가 가구를 좀 사려고 하는데, 어디 가서 사는 게 쌀까?

⇨ **我要买些家具，去哪儿买便宜呢?**

주어의 의지 표현

응용표현 너랑 비교해보고比比 싶어, 누구 힘力气이 더 센지大 보게 말야.

⇨ _____

4. 교정 연습 앗! 나의 실수~

1　我们愿意都参加足球赛。　　　　→

2　明天我去要图书馆，你去吗?　　→

3　你想当不当老师?　　　　　　　→

4　他虽然身体不舒服，却肯回去不休息。→

5. 활용하기 나의 작문 실력 뽐내기

다음 단어로 멋진 문장을 만들어볼까요?

1　我　很　见　想　面　他　一

　　→ _____

2　我　照顾　愿意　一辈子　你

　　→ _____

3　暑假　他　日本　打算　去　旅游

　　→ _____

여러분의 작문 실력을 보여주세요~

4　내가 자네你하고 상의하고商量 싶은要 일이 있는데.

　　→ _____

5　그는 한 번도从来 다른 사람을 도와주려肯帮助 하지 않았어요.

　　→ _____

6　오늘 모임에 난 참석하고参加 싶지 않아졌어.

　　→ _____

7　그 사람은 당신을 만나는 걸 원치愿意 않아요, 그냥还是 돌아가세요.

　　→ _____

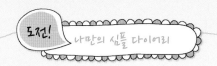
가끔씩 나는 한 마리 새가 되고 싶어.

아무 거정 없이 훨훨 날아다니게 말야.

뭐? 새도 새 나름의 걱정이 있다고?

그건 그렇지.

응? 게다가 나보다 더 큰 새를 만나면, 어떻게 할 거냐고?

에이, 몰라 몰라, 그냥 사람 할래.

다음 단어들을 이용하여 일기를 써보세요!

~가 되다 成为 chéngwéi | 새 鸟 niǎo |
훨훨 날아다니다 飞来飞去 fēi lái fēi qù |
걱정 苦处 kǔchù | 그건 그렇다 那倒也是 nà dào yě shì |
만나다 碰上 pèngshàng

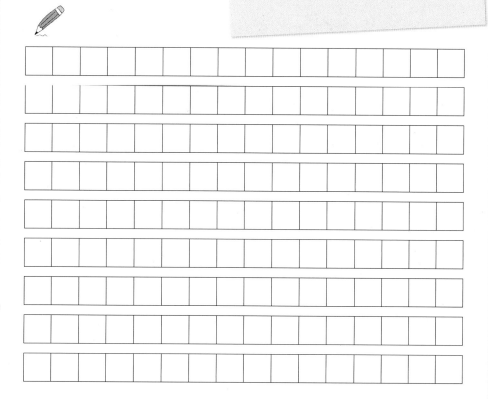

有时候我很想成为一只鸟。

像鸟一样飞来飞去多好啊。

什么？鸟有鸟的苦处呀？

那倒也是。

嗯？还有，碰上比我大的鸟，让

再说 '게다가'의 뜻이므로
再说가 적합하다.

我怎么办？

哎，那行了，行了，我还是当人

算了，算了 어떤 일을 중도에 그만두자고 할 때는
算了를 쓴다.

好了。

가능을 나타내는 조동사(2)

"내일 모임에 참석할 수 있을 것 같아요." "여기에서 사진 찍으셔도 돼요." "저 중국어 할 줄 알아요!"
이처럼 어떤 능력이나 동작에 대한 허락, 허가 등을 표현할 때 '能, 会, 可以, 能够'와 같은 조동사
를 씁니다. '할 수 있음'을 나타내는 조동사를 익혀서, 여러분이 잘하는 게 뭔지 마음껏 자랑해보세요.

1. 시도하기　몸풀기 작문 연습! 시~작!

① 내일 나 올 수 있어.

　　①~할 수 있다 能 néng
　　오다 来 lái

② 나도 중국어 할 줄 알아요.

　　②~할 줄 알다 会 huì

③ 너의 소망은 꼭 실현될 수 있을 거야.

　　③소망, 바람 愿望 yuànwàng
　　꼭 一定 yídìng
　　~할 수 있다
　　能够 nénggòu
　　이루어지다, 실현하다
　　实现 shíxiàn

④ 제가 당신을 사랑해도 될까요?

　　④~해도 되다 可以 kěyǐ

⑤ 그 사람 수영 못 해요, 맥주병이라니까요.

　　⑤~하지 못하다 不会 bú huì
　　수영하다 游泳 yóu yǒng
　　맥주병 旱鸭子 hànyāzi

⑥ 나도 안 갈 수는 없어.

　　⑥~할 수 없다
　　不能 bù néng

2. 발견하기 _{중국어 어법의 세계로~!}

1 능력, 허가, 가능을 나타내는 조동사 맛보기

 1. 能

'어떤 능력을 갖추고 있다', '환경 또는 여건상 허락이 된다'라는 의미를 나타냅니다.

他能游二百米。	난 수영해서 200미터 갈 수 있어요.

↖ 어떤 종류의 능력

明天我能来。	내일 나 올 수 있어. ←[시도하기 ❶]

* 能은 '어떤 일을 잘하다'의 뜻으로도 쓰입니다.
  他很能吃。 그는 아주 잘 먹는다.

* '能…了'는 어떤 능력을 회복하게 되었음을 나타냅니다.
  他的病好了，又能走路了。 그의 병이 나아서, 다시 걸을 수 있게 되었다.

2. 会

학습을 통해 능력을 습득하여 실행 가능한 것을 말합니다.

我也会说汉语。	나도 중국어 할 줄 알아요. ←[시도하기 ❷]

↖ 학습을 통한 능력 배양

他会说汉语，也会说日语。	그는 중국어도 할 줄 알고, 일본어도 할 줄 알아요.

* 会는 '어떤 능력이 뛰어나다'라는 뜻으로도 쓰입니다.
  他很会唱歌。 그는 노래를 아주 잘합니다.

3. 可以

'어떤 일을 충분히 ~할 수 있다'는 뜻과 허가의 의미를 나타냅니다.

我们可以帮助你。	우리는 자네를 도울 수 있다네.

↖ 충분히 ~할 수 있다

我可以爱你吗?	제가 당신을 사랑해도 될까요? ←[시도하기 ❹]

↖ ~해도 되다 (허가)

* 可以로 묻는 의문문에서 부정의 대답은 주로 **不能**으로 합니다.

A : 这儿可以抽烟吗？　여기서 담배 피울 수 있나요?

B : 不能。　아니요.

4. 能够

기능과 능력을 가지고 있음을 나타내고, 주로 문어체에 많이 씁니다.

这项任务我们能够完成。　　　　이 임무를 우리는 완수할 수 있다.

↖ ~할 수 있다 (능력)

* 能够는 能과 바꾸어 쓸 수 있습니다.

你的愿望一定能(够)实现。　너의 소망은 꼭 실현될 수 있을 거야. ← 시도하기 ❸

2 능력, 허락, 가능을 나타내는 조동사 주의사항

1. 会의 부정형은 不会를 씁니다.

他不会游泳，是个旱鸭子。　　　그 사람 수영 못 해요, 맥주병이라니까요. ← 시도하기 ❹

2. 조동사는 이중부정문에 쓰이기도 합니다.

他特意请我去，我也不能不去。　　그 친구가 특별히 초청했는데, 나도 안 갈 수는 없어.

← 시도하기 ❺

3. 조동사는 중첩할 수 없습니다.

테스트 해보셔도 돼요.　　可以试试看。(○)　　　你可以可以试看。(×)

4. 조동사 뒤에 '了, 着, 过'를 쓸 수 없습니다.

난 독일어를 할 줄 알아요.　我会说德语。(○)　　　我会过说德语。(×)

3. 검토하기 *아~ 이게 이거였구나~!*

① 지금 저는 중국 소설을 읽을 수 있어요.

⇨ **现在我能看中文小说了。**

　　　　능력, 환경, 여건의 허락

　　응용표현 토요일에 나는 네 결혼식에 참석할参加 수 있어.

　　⇨ _____

② 이번 시험에서는 책을 봐도 됩니다.

⇨ **这次考试，可以看书。**

　　　　허가, 허락

　　응용표현 이 신발이 마음에 드시면如果, 신어보셔도试试 돼요.

　　⇨ _____

③ 우리는 다 스키 탈 줄 알아요.

⇨ **我们都会滑雪。**

　　　　학습을 통해 생긴 능력

　　응용표현 너희들 다 스케이트 탈滑冰 줄 아니?

　　⇨ _____

④ 밍밍이는 참 잘 먹죠, 한 끼에 밥 세 그릇을 먹어요.

⇨ **明明很能吃，一顿能吃三碗米饭。**

　　　　~에 능하다

　　응용표현 나중에서야 나는 그 애가 돈을 아주 잘 쓴다는 걸能花钱 알았어.

　　⇨ _____

⑤ 그 사람은 말을 참 잘해, 너는 틀림없이 못 당해낼걸.

➡️ **他很会说话，你肯定说不过他。**

~에 뛰어나다

> **응용표현** 박 군小林이 값을 잘 깎으니까砍价, 물건 살 때 그 앨 데려가세요.

➡️ _____

⑥ 이 아이는 혼자서 일어설 수 있어요.

➡️ **这个小孩可以自己站起来。**
능력

> **응용표현** 난 한 달이면 책을 한 권 쓸 수 있어요.

➡️ _____

⑦ 우리가 친구가 될 수 있다는 것이 나를 즐겁게 해.

➡️ **我们能够做朋友，这让我很高兴。**

~할 수 있다

> **응용표현** 올해는 우리가 가벼운 마음으로轻松 집에 돌아가 설을 쇠면过年 좋겠어.

➡️ _____

⑧ 너 나랑 같이 밥 먹으러 가줄 수 있어, 없어?

➡️ **你能不能陪我去吃饭？**

정반의문문

> **응용표현** 너 나 이사하는 거 도와줄帮 수 있어, 없어?

➡️ _____

4. 교정 연습 앗! 나의 실수~

1 太晚了，不会他来了。　　→

2 请问，能不能吸烟这儿？　　→

3 你的手机会用一下吗？　　→

4 我们可能帮助你的孩子上学。　　→

5. 활용하기 나의 작문 실력 뽐내기

⬡ 다음 단어로 멋진 문장을 만들어볼까요?

1 你　明明　去　跟　可以　一起

　→ _____

2 这　他　不　翻译　书　能　本

　→ _____

3 放心　您　困难　我们　克服　能够

　→ _____

⬡ 여러분의 작문 실력을 보여주세요~

4 이제 저 집에 돌아가도 되나요可以?

　→ _____

5 그는 중국어로用汉语 중국 친구에게 메일을 쓸写 수 있다.

　→ _____

6 우리 언니는 물건을 아주 잘会 산다.

　→ _____

7 그 슈퍼에 가면 대추과자大枣饼干를 살 수 있어能够.

　→ _____

이번 유럽 여행을 통해

많은 외국 친구들을 만날 수 있어 참 좋았단다.

가끔은 중국 친구도 만나서 중국어로 이야기를 나눴는데,

내가 중국어를 한다는 사실이 놀라웠지.

여행에서 돌아온 후에,

중국어를 잘할 수 있다는 자신감이 생겼다고.

중국어 만세!!

다음 단어들을 이용하여 일기를 써보세요!

유럽 여행 欧洲旅行 Ōuzhōu lǚxíng |
놀랍다 惊讶 jīngyà | 돌아오다 回来 huílai |
자신감 信心 xìnxīn

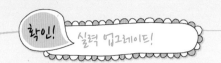

　　通过这次欧洲旅行，我能够见到

　　　　　　　　　　　　　　　　认识 ←

很多外国朋友，这让我很高兴。

　　偶尔碰上中国朋友，我们聊天用

汉语，我会说汉语的事实让我感到很

用汉语聊天　연동문에서는 동작의 수단이나 방법이
　　　　　　제1동사로 제시된다.

惊讶。

　　旅行回来之后，我对学会汉语有

　　　　　　　　'잘할 수 있다'는 学好이다. → 学好
　　　　학会는 '할 수 있게 되다'라는 의미이다.

了信心。

　　汉语万岁！

18과 당위성을 나타내는 조동사(3)

HSK 시험장으로 들어가면서 '이번에는 꼭 급수를 받아야 하는데…', 소개팅 나갔는데 상대가 마음에 안 든다면 '갑자기 급한 일이 생겨서 이만 돌아가야겠어요'.

이렇게 꼭 해야만 하는 일, 당위성을 가진 일을 설명할 때 쓰는 조동사가 있습니다. 바로 '应该, 该, 得, 要' 등의 조동사를 쓴답니다.

1. 시도하기 몸풀기 작문 연습! 시~작!

① 너희들은 마땅히 서로 도와야 해.

② 새벽 한 시네, 자야겠어.

③ 주말에 저는 하얼빈에 한 번 다녀와야 해요.

④ 사람은 겸손을 배워야 한다.

⑤ 우리는 마땅히 이렇게 해서는 안 된다.

⑥ 우리 지금 가야 하나요? (要를 써서 정반의문문으로 만들 것)

---

① 마땅히 ～해야 하다
应该 yīnggāi
서로 돕다 互相帮助
hùxiāng bāngzhù

② 새벽 凌晨 língchén
～하는 것이 마땅하다
该 gāi

③ 하얼빈 哈尔滨 Hā'ěrbīn
～해야 하다 得 děi
한 번(왕복 동작)
一趟 yí tàng

④ ～해야 하다 要 yào
겸손 谦虚 qiānxū

⑤ 마땅히 ～해야 하다
应该 yīnggāi
이렇게 这样 zhèyàng

⑥ ～해야 하다 要 yào

2. 발견하기 중국어 어법의 세계로~!

1 당위성을 나타내는 조동사 맛보기

기본형식

1. 应该 : 마땅히 해야 하는 동작이나 행위, 당연히 어떠할 것이라는 추측을 나타냅니다.

你们应该互相帮助。　　　너희들은 마땅히 서로 도와야 해. ← 시도하기 ①
↖ 마땅히 ~해야 하다

2. 该 : 应该와 같은 뜻이며, 구어체에 주로 쓰입니다.

凌晨一点了，该睡了。　　　새벽 한 시네, 자야겠어. ← 시도하기 ②
↖ 마땅히 ~해야 하다

3. 得 [děi] : 실제 실행이 필요한 동작에 쓰이며, 구어체에 주로 쓰입니다.

周末我得去一趟哈尔滨。　　주말에 저는 하얼빈에 한 번 다녀와야 해요. ← 시도하기 ③
↖ 마땅히 ~해야 하다

4. 要 : 명령이나 당부, 충고 등을 나타냅니다.

人要学会谦虚。　　　사람은 겸손을 배워야 한다. ← 시도하기 ④
↖ 마땅히 ~해야 하다

2 당위성을 나타내는 조동사 주의사항

1. 应该의 부정형은 不应该나 不该로 써줍니다.

我们不应该这样做。　　　우리는 마땅히 이렇게 해서는 안 된다. ← 시도하기 ⑤
你不该打他。　　　넌 그 앨 때리는 게 아니었어.

2. 得의 부정형은 不用이나 用不着를 씁니다.

买这个东西不用很多钱。　　이거 사는 데 돈 많이 안 들어.
今天你们用不着加班了。　　오늘 여러분 야근할 필요가 없습니다.

3. 要의 부정형은 不要로, 금지와 저지의 뜻을 나타냅니다. 要不要로 정반의문문을 만들기도 합니다.

上课不要迟到。　　　　　　　　수업시간에 늦어선 안 돼.

不要吵了!　　　　　　　　　　떠들지 마!

我们要不要现在去?　　　　　　우리 지금 가야 하나요?　←[시도하기 ⑤]

4. 要와 得는 '一定, 必须, 应该, 可' 등의 수식을 받습니다.

今天的会议你一定要参加呀!　　오늘 회의에 자네가 꼭 참석해야지!

你现在必须得走。　　　　　　　너는 지금 꼭 가야 해.

5. 该를 써서 '어떤 일을 할 때가 되었다'라고 표현할 때, 了와 호응합니다.

快十二点了，我们该走了。　　　열두 시가 다 되어 가네요, 우리는 가야겠어요.

周末了，我们也该轻松一下了。　주말이야, 우리도 긴장 좀 풀자고.

3. 검토하기

① 너희들 다 당연히 가야지.

⇨ **你们都应该去。**

마땅히 ~하다

> **응용표현** 너는 마땅히 이번 축구 시합에 참가해야 해.
>
> ⇨ _____

② 나 집에 가서 물건 챙겨야 해.

⇨ **我得回家收拾东西。**

~해야 하다

> **응용표현** 오늘 밤에 나 야근加班해야 돼.
>
> ⇨ _____

③ 우리는 교통법규를 준수해야 해요.

⇨ **我们要遵守交通规则。**

~해야 하다

> **응용표현** 우리는 꼭一定 아르헨티나阿根廷 팀을 이겨야 해.
>
> ⇨ _____

④ 너희들 정말 이렇게 하면 안 돼.

⇨ **你们真不该这样做。**

该의 부정형

> **응용표현** 너도 그 사람한테 그렇게 대하는对待 게 아니지.
>
> ⇨ _____

⑤ 난 병원에 진찰받으러 가야만 해.

⇨ **我得去医院看病。**

~해야 하다

응용표현 우리는 세 시 전에之前 반드시必须 공항에 도착해야 해요.

⇨ _____

⑥ 우리는 마땅히 다른 사람에게 친절하게 대해야 해요.

⇨ **我们应该热情地对待别人。**

마땅히 ~해야 하다

응용표현 지금 이 순간에这会儿 우리는 마땅히 뭘 해야做 할까요?

⇨ _____

⑦ 너 카메라 꼭 챙겨 가야 해.

⇨ **你一定要带相机去。**

~해야 하다

응용표현 내가 거기서 기다릴 거니까, 너 꼭 와야 해!

⇨ _____

⑧ 아가씨, 제가 어떻게 불러드리면 될까요?

⇨ **小姐, 我该怎么称呼您呢?**

마땅히 ~해야 하다

응용표현 해야 할 말该说的은 다 밍밍이하고 얘기했어요.

⇨ _____

4. 교정 연습 앗! 나의 실수~

1 公共场合，应该大声不说话。 →

2 下一个轮到该你了，你唱一首吧。 →

3 买这辆汽车，得是十五万元。 →

4 做任何事要都有计划，要负责。 →

5. 활용하기 나의 작문 실력 뽐내기

다음 단어로 멋진 문장을 만들어볼까요?

1 你 是 要 学生 学习 好好

→ _____

2 你 恢复 身体 还没 多 应该 休息

→ _____

3 他 的 我 问题 还 考虑考虑 得

→ _____

여러분의 작문 실력을 보여주세요~

4 오늘 밤에 저 야근加班 해야 해요.

→ _____

5 그녀는 신입사원新手이니까, 자네가 당연히应该 많이 배려해照顾 줘야지.

→ _____

6 이번 시험考试을 또 망쳤으니考砸, 난 어쩌면 좋아该…呢?

→ _____

7 너 일찍 돌아와야 한다要.

→ _____

162   맛있는 중국어 작문 1

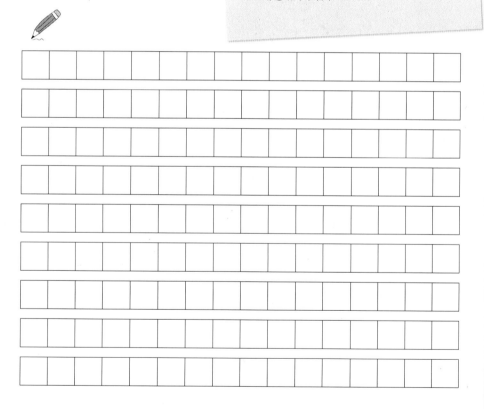

도전! 나만의 심플 다이어리

나도 알아, 학생은 당연히 열심히 공부해야 한다는 걸.

그런데 때로는 정말 공부가 하기 싫어.

솔직히 말하면,

난 시험이 가까울수록 공부하기가 더 싫더라고.

이건 나의 오래된 버릇이지.

아이쿠, 엄마 발소리가 들려! 책 봐야겠다.

다음 단어들을 이용하여 일기를 써보세요!

때로는 有时候 yǒushíhou |

솔직히 说实话 shuō shíhuà | 습관, 지병 毛病 máobing |

발걸음 소리 脚步声 jiǎobùshēng |

책 보다, 공부하다 看书 kàn shū

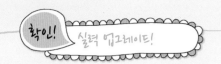
　　我知道，学生嘛，要好好儿学习，

→ 应该 당연히 해야 하는 동작에는
应该를 써준다.

但有时候我真不想学习。

　　说实话，我这个人越考试接近越

'~할수록 ~하다'는 의미인 '越…越…'
형식을 쓸 때, 越 뒤에는 서술어가 위치한다.

不想学习。

　　这是我的老毛病了。

　　咦，我听到妈妈的脚步声了！我

→ 哎呀 놀라움과 자각을 동시에 나타낸다.

得看书啦。

19과 단호하게 거절하는 부정, 금지 표현

"여기에서 담배 피우시면 안 돼요." "사무실에서 큰 소리로 떠들지 좀 마세요!" "헛수작은 그만 부려요!"

앗! 너무 험악했나요? 그래도 할 말을 하려면, 어떤 동작이나 행위를 금지하고 부정할 때 쓰는 표현들을 잘 알아두어야겠죠? 중국어로는 '不要, 別, 少, 不用, 不必' 등을 이용해 표현한답니다.

1. 시도하기 목풀기 작문 연습! 시~작!

① 절대로 네가 누구인지 잊지 마.

② 너희들 싸우지 마.

③ 일할 때는, 잡담 좀 그만하세요.

④ 너 그 사람한테 전화할 필요 없어.

⑤ 이 일은 그 사람한테 알려줄 필요 없어.

⑥ 움직이지 마! 엎드려!

①절대로 千万 qiānwàn
～하지 마라 不要 búyào
잊다 忘记 wàngjì

②～하지 마라
別…了 bié…le
싸우다 吵架 chǎojià

③그만해라 少 shǎo
잡담 废话 fèihuà
～할 때 …的时候 …de shíhou

④～할 필요 없다
不用 búyòng

⑤～할 필요 없다 不必 búbì
알리다 告诉 gàosu

⑥～하지 마라 別 bié
움직이다 动 dòng
엎드리다 趴 pā

2. 발견하기 중국어 어법의 세계로~!

1 부정과 금지 표현 맛보기

1. 不要 : 금지와 권고의 뜻으로 쓰입니다.

> 不要睡懒觉!　　　　　　　늦잠 자지 마!
> ↳ ~하지 마라

2. 不用 : '사실상 필요가 없다'는 뜻을 표현합니다.

> 你不用再解释了。　　　　너 더 이상 설명 안 해도 돼.
> ↳ ~할 필요 없다

3. 别 : 금지를 나타냅니다.

> 别动! 趴下!　　　　　　　움직이지 마! 엎드려! ← 시도하기 ⑤
> ↳ ~하지 마라

4. 少 : 주로 명령문에서 '작작 해라, 그만해라'의 뜻으로 쓰입니다.

> 少来这一套!　　　　　　　그런 수작 그만 부려요!
> ↳ 작작 하다

5. 不必 : '~할 필요 없다'라는 뜻으로 쓰입니다.

> 这件事儿不必告诉他。　　이 일은 그 사람한테 알려줄 필요 없어. ← 시도하기 ⑥
> ↳ ~할 필요 없다

2 부정과 금지 표현 주의사항

1. 不要 앞에는 千万이 자주 등장합니다.

> 千万不要忘记你是谁。　　　절대로 네가 누구인지 잊지 마. ← 시도하기 ①
> 千万不要走远了!　　　　　　절대로 멀리 가지 마라!

2. 不要나 别 뒤에 了를 쓰면 완곡한 어감으로 변합니다.

你们别吵架了。　　　　　　　　　　너희들 싸우지 마. ←〔시도하기 ❷〕

乖，不要哭了。　　　　　　　　　　착하지, 울지 마요.

3. 少는 '작작 해라, 그만해라'라는 뜻으로 쓰입니다.

工作的时候，少说废话。　　　　　　일할 때는, 잡담 좀 그만하세요. ←〔시도하기 ❸〕

少骗我!　　　　　　　　　　　　　나 좀 작작 속여!

4. 不用은 '~할 필요 없다'라는 뜻으로 쓰입니다.

你不用给他打电话。　　　　　　　　너 그 사람한테 전화할 필요 없어. ←〔시도하기 ❹〕

他又不是小孩儿，我们也不用管他了。　그 친구가 애도 아니고, 우리도 그 친구 신경
　　　　　　　　　　　　　　　　　쓸 거 없다고.

5. 不必 뒤에 동반되는 동사나 형용사를 생략할 수 있습니다.

他打算再去一次，我看不必了。　　　그는 한 번 더 갈 계획이라는데, 내가 보기엔
　　　　　　　　　　　　　　　　　필요 없어 보여.

3. 검토하기  아~ 이게 이거였구나~!

① 내일 너 늦잠 자지 말고, 일찍 일어나렴.

 明天你不要睡懒觉，早点儿起来吧。
　　　　　　~하지 마라

> **응용표현** 내가 너한테 지각하지迟到 말라고不要 했는데, 또 지각했구나. (사역동사 叫)
>
> ⇨ _____

② 괜히 좋아하지 마, 내가 보기엔 이 일은 가능성이 없다고.

 别想得太美，我看这件事没戏了。
　　　　　~하지 마라

> **응용표현** 얘기하지 마세요. 전 이미 결정했어요.
>
> ⇨ _____

③ 당신도 저 애 신경 쓰지 말고, 하고 싶은 대로 내버려둬요.

 你也不用管他了，就随他去吧。
　　　　　　~할 것 없다

> **응용표현** 직접亲自 가실 것 없이, 제가 대신替 갈게요.
>
> ⇨ _____

④ 나 속일 생각 마, 내가 예전의 내가 아니거든.

 少骗我，我已经不是以前的我了。
　　　　그만해라

> **응용표현** 나한테给我 내숭装蒜 좀 그만 떨지, 못 봐주겠다.
>
> ⇨ _____

⑤ 그 부부의 일에, 우리가 괜히 끼어들지 말자고.

⇨ **他们两口子的事，我们就不必插嘴了。**
　　　　　　　　　　　　　　~할 필요 없다

> **응용표현** 넌 갈 필요 없어, 내가 갈게.
>
> ⇨ _____

⑥ 제발 다른 사람 마음에 상처 주지 말아요.

⇨ **千万不要伤害别人的心。**
　　　　~하지 마라

> **응용표현** 모두들 저 그만 비행기 태우세요捧.
>
> ⇨ _____

⑦ 서두르지 말고, 천천히 하세요.

⇨ **别着急，慢慢来。**
　~하지 마라

> **응용표현** 외국어를 배울 때는 말이지嘛, 잘못 얘기할까说错 겁내지 말라고.
>
> ⇨ _____

⑧ 나한테 충고할 필요 없어, 이런 것들은 나도 다 아는 거야.

⇨ **你不用劝我，这些我都知道的。**
　　~할 것 없다

> **응용표현** 이거 신경 쓸操心 것 없어요. 저한테 방법办法이 있어요.
>
> ⇨ _____

4. 교정 연습

1 上课的时候，不必睡觉。 →

2 你去北京不用了。 →

3 如果他不愿意，不必我们也勉强了。 →

4 别哭了，妈妈就一会儿回来。 →

5. 활용하기

☼ 다음 단어로 멋진 문장을 만들어볼까요?

1 少　吃　你　点儿　已经　够　了　的　胖

→ _____

2 风　很　大　外边　出去　你们　不要　了　最好

→ _____

3 你　不用　了　他们　来　过去　要

→ _____

☼ 여러분의 작문 실력을 보여주세요~

4 오늘 날씨가 따뜻하니까暖和, 너무 많이 입을 필요 없어요.

→ _____

5 시험 볼 때的时候, 이야기하지 마세요别.

→ _____

6 자네가 직접亲自 갈 필요 없어, 자네 비서秘书를 보내면 되네.

→ _____

7 내가 너한테 비밀秘密 하나 알려줄게, 너 절대로千万 다른 사람한테 얘기하지告诉 마.

→ _____

마오쩌둥 주석이 말씀하셨지,

쓸데없는 말은 적게 하고 일은 많이 하라고.

그래그래, 지당하신 말씀이야.

일할 때는 일만 열심히 하고,

공부할 때 공부만 열심히 해야지,

절대 딴 생각은 하지 말고.

미리 결과부터 생각하지 말고, 과정을 즐기자고~

다음 단어들을 이용하여 일기를 써보세요!

마오쩌둥 주석 毛泽东主席 Máo Zédōng zhǔxí |
~한 적이 있다 曾经…过 céngjīng…guo |
쓸데없는 말 废话 fèihuà |
딴 생각을 하다 胡思乱想 hú sī luàn xiǎng |
과정을 즐기다 享受过程 xiǎngshòu guòchéng

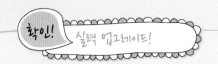

| | | 毛 | 主 | 席 | 曾 | 经 | 说 | 过 | ， | 少 | 说 | 废 | 话 | ， | 多 |

| 做 | 事 | 。 | | | | | | | | | | | | | |

| | | 对 | 对 | ， | 说 | 得 | 太 | 对 | 了 | 。 | | | | | |

这话

| | | 该 | 工 | 作 | 的 | 时 | 候 | ， | 认 | 真 | 工 | 作 | ， | 该 | 学 |

| 习 | 的 | 时 | 候 | ， | 专 | 心 | 致 | 志 | 地 | 学 | 习 | ， | 绝 | 对 | 别 |

千万 千万 뒤에는 주로
부정형이 온다.

| 胡 | 思 | 乱 | 想 | 了 | 。 | | | | | | | | | | |

| | | 不 | 要 | 先 | 想 | 着 | 结 | 果 | 该 | 怎 | 么 | 样 | ， | 让 | 我 |

先이 '우선'의 뜻으로 쓰일 때, 부정어 앞에 위치한다.

会 앞으로 일어날 가능성에 대해 이야기하므로 会를 쓴다.

| 们 | 享 | 受 | 过 | 程 | 吧 | ~ | | | | | | | | | |

| | | | | | | | | | | | | | | | |

다양하고 개성적인
상상, 추측 표현

시도 때도 없이 '그 사람 아무래도 날 좋아하는 것 같은데?' 하며 상상과 추측의 나래를 펼치는 친구. '꿈 깨!'라고 하고 싶지만 오늘도 꾹~ 참았어요.

여러분은 오늘 어떤 상상의 나라를 펴고 있나요? 내 생각을 멋지게 표현하려면 상상이나 추측을 나타내는 중국어 표현들을 알고 있어야겠죠?

중국어로는 '可能, 恐怕, 也许, 一定, 肯定, 会'로 표현한답니다. 각각의 특징과 차이점을 잘 알아두세요.

1. 시도하기 _{몸풀기 작문 연습! 시~작!}

① 벌써 세 시인데, 아마 그 사람 이미 도착했겠지?

> ① 벌써 ~가 되다
> 都…了 dōu…le
> 아마도 可能 kěnéng

② 내가 보기에는 이 일이 아무래도 안 될 것 같아.

> ② 내가 보기에는
> 我看 wǒ kàn
> 아마 ~일 것 같다 (부정적 예측)
> 恐怕 kǒngpà
> 안 되다 没戏 méi xì

③ 다시 잘 봐, 어쩌면 찾을 수 있을 거야.

> ③ 다시 再 zài
> 잘 보다 好好看看
> hǎohāo kànkan
> 어쩌면 也许 yěxǔ

④ 난 네가 꼭 성공하리라 믿어.

> ④ 믿다 相信 xiāngxìn
> 꼭 一定 yídìng
> 성공하다 成功 chénggōng

⑤ 그는 틀림없이 대학에 붙을 거야.

> ⑤ 틀림없이 肯定 kěndìng
> 시험에 붙다
> 考上 kǎoshàng

⑥ 너를 위해, 난 할 수 있어!

> ⑥ ~를 위해 为了 wèile
> ~할 수 있다 会 huì

2. 발견하기 중국어 어법의 세계로~!

1 추측을 나타내는 표현 맛보기

1. 可能 : 예측하는 바를 표현합니다.

都三点了，可能他已经到了吧?　　벌써 세 시인데, 아마 그 사람 이미 도착했겠지?
↖ 아마도　　　　　　　　　　　　　　　　　　　　　　　　　　← 시도하기 ①

2. 恐怕 : 예측의 뜻이 들어 있으며, 주로 부정적인 내용을 동반합니다.

我看，这件事恐怕没戏了。　　　내가 보기에는 이 일이 아무래도 안 될 것 같아.
↖ 아무래도　　　　　　　　　　　　　　　　　　　　　　　　← 시도하기 ②

3. 也许 : 가능성은 있지만, 확정 지을 정도는 아닌 추측을 의미합니다.

你再好好看看，也许能找到。　　다시 잘 봐, 어쩌면 찾을 수 있을 거야. ← 시도하기 ③
↖ 어쩌면

4. 一定 : 확실해서 의심할 것이 없다는 뜻으로 쓰입니다.

我相信你一定能成功!　　　　　난 네가 꼭 성공하리라 믿어. ← 시도하기 ④
↖ 꼭

5. 肯定 : '의문의 여지없이'라는 뜻입니다.

他肯定能考上大学的。　　　　　그는 틀림없이 대학에 붙을 거야. ← 시도하기 ⑤
↖ 틀림없이, 반드시

6. 会 : 실현될 가능성이 있다는 뜻을 나타냅니다.

为了你，我会做到!　　　　　　너를 위해, 난 할 수 있어! ← 시도하기 ⑥
↖ ~할 것이다

2 추측을 나타내는 표현 주의사항

1. 可能은 '很, 完全' 등 부사의 수식을 받을 수 있습니다.

   他很可能已经走了吧。　　　　　　　　그 사람 이미 갔을 가능성이 커요.

2. 也许는 주어 앞뒤에 모두 위치할 수 있습니다.

   也许他已经出院了。　　　　　　　　어쩌면 그 사람 이미 퇴원했을 거예요.

   他也许已经出院了。　　　　　　　　그 사람 어쩌면 이미 퇴원했을 거예요.

   > ＊也许는 부사 수식을 받을 수 없습니다.
   > 　그는 아마 못 올 거예요.　　他也许不会来了。(O)　　他很也许不会来了。(×)

3. 恐怕는 '걱정하다'의 뜻을 내포하고 있음을 잘 알아두세요.

   他还没来，恐怕迷路了吧。　　　　　그 친구 아직도 안 오는 게, 아무래도 길을 잃었나 봐.

4. 肯定과 一定은 바꾸어 쓸 수 있습니다.

   他成绩很好，肯定(一定)能考上大学。　그는 성적이 좋아서, 틀림없이 대학에 붙을 거야.

5. 会는 '会…的'의 형식으로 많이 씁니다.

   我妹妹会去英国学英语的。　　　　　내 여동생은 영국으로 영어 배우러 가게 될 거야.

   这事别人是不会知道的。　　　　　　이 일은 다른 사람은 모를 거예요.

3. 검토하기 아~ 이게 이거였구나~!

① 그 사람 아마도 거짓말을 하고 있는 것 같아요.

⇨ **他可能是在撒谎。**
아마 ~일지 모른다

> **응용표현** 그 친구 아마도 집에 있을 거야.
>
> ⇨ _____

② 전 아무래도 약속을 못 드릴 것 같네요.

⇨ **我恐怕不能答应您。**
아무래도

> **응용표현** 난 아무래도 못 걷겠군, 자네들 빨리 도망쳐!
>
> ⇨ _____

③ 이건 틀림없이 그 녀석이 한 짓이라고.

⇨ **这肯定是他干的。**
틀림없이

> **응용표현** 날씨가 이렇게 무더운闷热 거 보니, 밤에 틀림없이肯定会 비가 오겠어.
>
> ⇨ _____

④ 네가 이렇게 하면, 그녀가 속상해할 거야.

⇨ **你这么做会让她伤心的。**
~할 것이다

> **응용표현** 넌 할 수 있어能行, 넌 꼭一定 대학에 붙을 거야.
>
> ⇨ _____

⑤ 난 꼭 우승을 차지하고 말 거야.

➪ **我一定要夺取冠军。**
　　　　꼭, 반드시

　　응용표현 우린 꼭 一定 승리할 거야! 우린 꼭 一定 성공할 거야!

　　➪ _____

⑥ 어쩌면 그 앤 아직도 교실에서 리포트를 쓰고 있을걸.

➪ **也许他还在教室写报告呢。**
　　　어쩌면

　　응용표현 어쩌면 이게 바로 인생人生인지도 모르겠군.

　　➪ _____

⑦ 그 친구 대충 다음 주나 되어야 돌아올 것 같은데.

➪ **他大概下星期才能回来。**
　　　아마도, 대충

　　응용표현 시후西湖까지 대충 20분 정도 걸려요.

　　➪ _____

⑧ 이게 사실일 리 없어.

➪ **这不可能是真的。**
　　　~일 수가 없다

　　응용표현 이건 그 사람이 했을 리가 없어.

　　➪ _____

4. 교정 연습 앗! 나의 실수~

1 他肯定是才有事没来的。 →

2 明天会不下雨。 →

3 他很可以已经回去了。 →

4 他刚到，恐怕时差还不倒过来。 →

5. 활용하기 나의 작문 실력 뽐내기

:·: 다음 단어로 멋진 문장을 만들어볼까요?

1 我 会 相信 回来 他 的

  → _____

2 我 觉得 肯定 他 骗子 是 个

  → _____

3 他 还 到 没 是 一定 吧 忘 了

  → _____

:·: 여러분의 작문 실력을 보여주세요~

4 이렇게나 늦었는데, 그 사람 아마도可能 이미 잠들었을걸睡.

  → _____

5 네 소식消息을 들으면, 그 사람이 많이 좋아할 거야会…的.

  → _____

6 지금 가면 아마도恐怕 늦을来不及 것 같은데요.

  → _____

7 너 가서 밍밍이한테 물어봐, 어쩌면也许 걔가 알지도 몰라.

  → _____

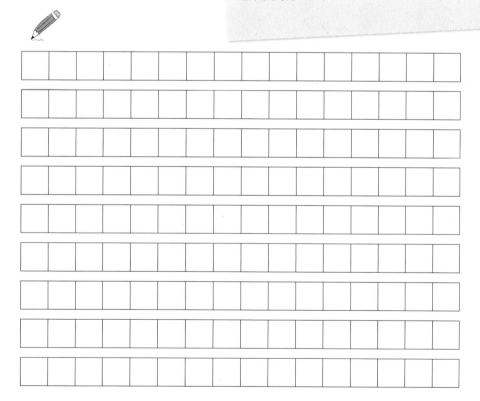

아마도 난 내일 모임에 참석 못 할 것 같아.

집에 좀 다녀와야 할 것 같거든.

일찍 갔다가 일찍 오라고?

나도 그러고는 싶은데, 어떻게 될지 몰라서 말야.

최대한 노력해볼게.

어쨌든 나 기다리지 말고, 너희들 먼저 먹고 있어.

내가 다시 연락할게.

다음 단어들을 이용하여 일기를 써보세요!

모임 聚会 jùhuì | 참석하다 参加 cānjiā |
일찍 갔다 일찍 오다 早去早回 zǎo qù zǎo huí |
최대한 노력하다 尽力 jìnlì | 어쨌든 反正 fǎnzhèng |
연락하다 联系 liánxì

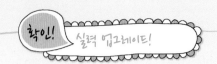

我 恐 怕 不 能 参 加 明 天 的 聚 会 了 。

我 得 回 一 次 家 。

→ 趟 왕복 동작을 나타낼 때는 동량사 趟을 쓴다.

叫 我 快 去 快 回 呀 ?

→ 早去早回 시간상으로 일찍 갔다 일찍 오라는
뜻이므로 早를 쓴다.

我 也 希 望 这 样 , 可 现 在 不 敢 肯 定

→ 如此

事 情 能 不 能 办 得 顺 利 。

不 管 怎 么 样 , 我 会 尽 量 的 。

→ 尽力

反 正 , 你 们 不 要 等 我 , 先 吃 饭 吧 。

我 会 再 跟 你 们 联 系 。

맛있는
중국어

작문 ①

정답 및 해석

3. 검토하기

① 抽烟对身体不好。

② 今天星期五。

③ 我中文歌唱得很好。

④ 我哥哥跳舞，也唱歌。

⑤ 你穿的毛衣真好看。

⑥ 我去过三次中国。

⑦ 出国旅行是一件让人高兴的事儿。

⑧ 他昨天已经跟他爸爸一起去釜山了。

4. 교정 연습

1. 我们常常去旅行。

　　우리는 자주 여행을 간다.

2. 我爸爸在客厅里看报纸。

　　우리 아빠는 거실에서 신문을 보신다.

3. 这是我的书包，那是你的。

　　이건 내 책가방이야, 저게 네 거야.

4. 我去医院看过他一次。

　　나는 그를 보러 병원에 한 번 갔어요.

5. 활용하기

1. 从我家到学校要一个小时。

　　우리 집에서 학교까지는 한 시간이 걸립니다.

2. 这张照片照得非常漂亮。

　　이 사진은 아주 잘 찍었다.

3. 你应该按时来这儿。

　　너는 마땅히 시간에 맞춰서 여기 와야 한다.

4. 我想找住在二楼的那个女生。

5. 很多人喜欢穿那样的运动鞋。

6. 那个男生伤心得流眼泪了。

7. 他的病已经治好了。

확인! 실력 업그레이드!

我喜欢汉语，当然了，也喜欢中国。

虽然汉语有点儿难，但很有意思。

也许，我和汉语是挺配的吧。

汉语啊，我们以后好好儿相处吧。

我也会好好儿学习的。

2과 다리를 놓아주는 구조조사
的·地·得

3. 검토하기

① 这条裤子是我最喜欢的衣服。

② 他很准地找到了我的座位。

③ 他打排球打得很好。

④ 我哥哥喜欢弹吉他。

⑤ 他愉快地笑了。

⑥ 这不是你的，是我的。

⑦ 假期玩得非常愉快。

⑧ 现在去，今天晚上能回得来。

4. 교정 연습

1. 她有一双非常漂亮的眼睛。

그녀는 무척 아름다운 눈을 가졌다.

2. 他深深地爱上了婷婷。

그는 팅팅을 깊이 사랑하게 되었다.

3. 他游泳游得很好。

그는 수영을 잘한다.

4. 这篇文章不太难，我看得懂。

이 글은 그다지 어렵지 않아서,

내가 이해할 수 있다.

5. 활용하기

1. 谁的朋友是日本人？

누구의 친구가 일본인이죠?

2. 他汉语说得非常地道。

그는 중국어를 아주 유창하게 한다.

3. 他们默默地坐在椅子上。

그들은 조용히 의자에 앉아 있다.

4. 这是我爸爸从国外买来的礼物。

5. 我们班的同学都很认真地学习。

6. 今天你来得太早了，小李还没来呢。

7. 下午五点之前你能回得来吗？

확인!
실력 업그레이드!

我的爱好是画画。

你想知道我画得怎么样？

我画得还可以吧。嘻嘻~

我非常努力地画画。

偶尔，我会把我的画送给朋友。

怎么，你也要一幅啊？

好的，你过生日的时候

送你一幅做礼物吧。

3과 무엇보다 제대로 써야 하는 숫자 표현

3. 검토하기

① 我有两个弟弟。

② 明天上午十点半到这儿就可以了。

③ 产量比去年同期增加了百分之十三点五。

④ 我是第一次来这儿。

⑤ 海洋面积约占了地球总面积的四分之三。

⑥ 每天只要吃一两个苹果就够了。

⑦ 我手里只有五十块钱。

⑧ 这次他总共减了十五公斤左右。

4. 교정 연습

1. 我们下午两点见面吧。

   우리 오후 두 시에 만나요.

2. 这是五千零八块钱。

   이건 5,008위엔입니다.

3. 我在北京住了三年多。

   나는 베이징에서 삼 년 넘게 살았어요.

4. 那是五分之一。

   저건 5분의 1입니다.

5. 활용하기

1. 他们到上海整整一年半了。

   그들이 상하이에 온 지가 꼬박 일 년 반이 되었어요.

2. 这些东西一共三十六块五。

   이 물건들은 모두 36.5위엔입니다.

3. 这件衣服打七折。

4. 今天来参观的人有三十个人左右。

5. 今年的苹果产量比去年增加了三倍。

6. 二姐考上北京大学了。

확인! 실력 업그레이드!

今天是星期六。

我跟朋友们说好去爬山。

上午九点半，我们约好在峨嵋山站

三号出口见面，可是他们还是迟到。

哎，哥们，守约吧守约!

时间就是金钱嘛。

哟，你们还装听不懂啊，你们死定了!

4과 굴비 한 두름은 몇 마리?
양사 표현

3. 검토하기

① 这件事感动了我。

② 我要买一两绿茶。

③ 日本队输了两场比赛。

④ 这个菜甜了一点儿。

⑤ 第二十九届奥林匹克运动会在北京举行。

⑥ 我很想养一只狗。

⑦ 我口很渴，很想喝一口水。

⑧ 你的发音比以前好些了。

4. 교정 연습

1. 那本书是我的。

   저 책은 내 거야.

2. 我会说一点儿日语。

   난 일본어를 조금 할 줄 알아요.

3. 我听说过这里的一些情况。

   난 이곳의 상황에 대해 약간 들었어요.

4. 你在这儿等我一下。

   너 여기서 나 좀 기다려줘.

5. 활용하기

1. 我买了三斤葡萄。

   제가 포도를 세 근 샀어요.

2. 奶奶的病好些了。

   할머니의 병이 좀 나아졌어요.

3. 我在火车站附近遇到过他一次。

   난 기차역 근처에서 그를 한 번 만난 적 있다.

4. 我想养一只狗和一只猫。

5. 我去买点儿水果回来。

6. 今天我只吃了一顿饭。

7. 他没跟我说一声就回国了。

확인!
실력 업그레이드!

这些衣服是谁买的?

你又是一个人去百货商店了吧?

你去之前应该告诉我一声才对。

我也想买一件毛衣呢。

最近百货公司搞打折活动吗?

买了这么多干吗呢?

这件衣服正好是我喜欢的，

能不能让我穿上它?

3. 검토하기

① 你是我最好的朋友。

② 我不是你认识的那个人。

③ 明明是不是还在首尔?

④ 他们都是昨天才到的。

⑤ 我不是来借钱的。

⑥ 这是我应该做的。

⑦ 我头疼是撞墙撞的。

⑧ 这道菜好吃是好吃，就是太甜了。

4. 교정 연습

1. 她是我朋友莉莉。

그녀는 내 친구 리리예요.

2. 今天不是六月二十一号。

오늘은 6월 21일이 아니에요.

3. 邮局旁边是银行。

우체국 옆에 있는 게 은행이에요.

4. 我们是走过去的。

우리는 걸어서 간 거예요.

5. 활용하기

1. 他是我们班第一名。

그 애가 우리 반 일등이에요.

2. 考试的时间是下星期三。

시험 시간은 다음 주 수요일입니다.

3. 他是骑自行车去学校的。

그는 자전거를 타고 학교에 간 거예요.

4. 这条裤子是我姐姐的。

5. 他不是在百货商店买鞋的。

6. 我要说的就是这些。

7. 我们是三年前认识的。

확인!
실력 업그레이드!

明明是我的中国朋友。

明明是去年来韩国的。

他说他特别喜欢韩国。

明明照相照得很好，

这张照片也是他照的。

怎么样，照得挺好的吧?

有时间，我们一起聚一聚吧。

我要给你们介绍介绍他。

6과 有를 잡으면 뜻이 보인다! 有字句

3. 검토하기

① 他有一辆自行车。

② 你有几个兄弟姐妹?

③ 我没有钢笔, 你送我一支, 怎么样?

④ 一年有十二个月, 我最喜欢一月。

⑤ 我有个朋友是加拿大人。

⑥ 我有钱花呢。

⑦ 汉拿山很高, 有两千多米。

⑧ 我家附近有一家非常大的购物中心。

4. 교정 연습

1. 我家有四口人。

우리 집은 네 식구야.

2. 我没有门票。

나는 입장권이 없어.

3. 听天气预报说, 今天有雨。

일기예보에서 그러는데, 오늘 비가 온대.

4. 学生食堂对面有超市。

학생 식당 맞은편에 슈퍼마켓이 있어.

5. 활용하기

1. 我有两本英汉词典。

나는 영한사전을 두 권 가지고 있어.

2. 我家附近有很多商店。

우리 집 근처에는 상점이 많이 있어.

3. 请问, 火车站离这儿有多远?

실례합니다, 기차역은 여기서 얼마나 먼가요?

4. 他有三十吗?

5. 你真有两下子, 我佩服你。

6. 你下班后有时间吗?

7. 我没有兄弟姐妹, 我是独生女。

확인! 실력 업그레이드!

我家有四口人。

爸爸、妈妈、弟弟和我。

我喜欢妹妹, 可惜我没有妹妹,

不过我弟弟又聪明又可爱。

嗯? 你想知道我的房间里

都有什么东西呀?

我的房间里有一张桌子、一把椅子、

一个书架、一台电脑、

一张床还有一个衣柜。

7과 형용사로 설명하기 형용사 술어문

3. 검토하기

① 这座山很高。

② 今天你太漂亮了。

③ 这个小孩的眼睛特别大。

④ 这种颜色好不好看？

⑤ 这个不太好，换别的好吗？

⑥ 你买的手机贵吗？

⑦ 这个房间大，那个房间小。

⑧ 这个牌子的鞋很不结实。

4. 교정 연습

1. 这件很贵，有便宜的吗？

이 옷은 비싸네요, 싼 것 있나요?

2. 汉语难不难？

중국어는 어렵나요, 안 어렵나요?

3. 最近天气很好。

요즘 날씨가 좋다.

4. 她做了很多中国菜。

그녀는 중국 요리를 많이 만들었다.

5. 활용하기

1. 这里的衣服很便宜，我想多买几件。

여기 옷이 싸네, 나 여러 벌 사고 싶어.

2. 这本书很有意思，你也看看。

이 책 재미있어, 너도 좀 보렴.

3. 这张桌子不太好。

이 책상은 별로 좋지 않다.

4. 我妈妈非常漂亮。

5. 今天天气好极了。

6. 这个商店的东西太便宜了。

7. 我做的菜好不好吃？

확인! 실력 업그레이드!

我弟弟今年五岁。

他有点儿胖，但却很可爱。

小眼睛，高鼻子，脸上还有个酒窝。

大家都叫他"小胖"。

他最喜欢跳舞，有时候，

他带幼儿园的小朋友到家来玩儿，

给他们表演舞蹈。

8과 주어+서술어=서술어?
주술 술어문

3. 검토하기

① 昨天我腿疼。

② 她头发长不长?

③ 这个商店东西不多。

④ 他性格好吗?

⑤ 这条裤子颜色很好看。

⑥ 这种围巾我买了一条。

⑦ 我住的地方环境很好。

⑧ 这种手套我还有两副。

4. 교정 연습

1. 我朋友头发很长。

내 친구는 머리가 길다.

2. 我最近学习非常忙。

나는 요즘 공부하느라 정신없다.

3. 他工作不认真。

그는 일을 열심히 하지 않는다.

4. 爸爸和妈妈身体都很好。

아빠와 엄마는 건강이 다 좋으시다.

5. 활용하기

1. 他考试成绩很好。

그는 시험 성적이 좋다.

2. 这几天我心情不太好。

요 며칠 나는 기분이 별로 안 좋다.

3. 这里的服务员态度非常热情。

이곳의 종업원은 태도가 아주 친절하다.

4. 她穿的裙子颜色很好。

5. 北京人很多，马路很宽。

6. 我肚子不饿，不想吃饭。

7. 这件衬衫扣子掉了。

확인! 실력 업그레이드!

这个花店的花非常好看，种类也很多。

而且花店的老板也很亲切，

去那儿买花的人很多。

我妈妈也常去这个花店，

今天她买了一束玫瑰回来。

我妈妈说等我们长大了自己开一个花店。

我举双手赞成!

9과 작문의 기본
동사 술어문

3. 검토하기

① 我最喜欢吃水果。

② 我没有姐姐，我朋友有两个姐姐。

③ 我想看歌舞剧，我们一起去吧。

④ 明明经常去济州岛旅游。

⑤ 我每天都睡半个小时午觉。

⑥ 我打算吃完饭就去看电影。

⑦ 你教我们英语，好吗？

⑧ 他离开这里一年了。

4. 교정 연습

1. 明天早上我们从公司出发。

   내일 아침에 우리는 회사에서 출발해요.

2. 我弟弟要去图书馆借一本小说。

   내 남동생은 도서관에 가서 소설을 한 권

   빌리려고 해.

3. 这部电影我还想再看一遍。

   이 영화를 난 한 번 더 보고 싶어.

4. 他们结婚快三年了。

   그들은 결혼한 지 삼 년이 되어 가.

5. 활용하기

1. 我打算去杭州旅游。

   난 항저우로 여행 갈 계획이야.

2. 我们去夜市吃了很多小吃。

   우리는 야시장에 가서 간식을 많이 먹었어.

3. 我最爱吃你做的炒饭。

   나는 네가 만든 볶음밥 먹는 게 제일 좋아.

4. 去年我们见过面，我认识他。

5. 今天的聚会我不能参加了。

6. 心情不好的时候，我就打扫卫生。

7. 你爸爸在哪儿工作？

확인! 실력 업그레이드!

早晨起来去洗洗脸，

简单地吃一个面包再加一个苹果，

再喝一杯牛奶。

下了课去打工。

回家的时候，

顺便去健身房锻炼一个小时，

到家后写报告，打开我的博客看看。

忙碌的一天这样就结束了。

10과 '아' 다르고 '어' 다른 어기조사

3. 검토하기

① 是啊，我也买了一个。

② 他是谁呀，你认识他吗？

③ 你们准备得差不多了吧？

④ 天气不错嘛，咱去花市吧。

⑤ 你妹妹呢？不在家呀？

⑥ 这是你的书，对吗？

⑦ 天黑了，你快回家吧。

⑧ 学外语嘛，不那么容易。

4. 교정 연습

1. 那好吧，就这么定了。

그럼 좋아, 이렇게 하자.

2. 好吃，多吃点儿吧。

맛있으면, 많이 드세요.

3. 他还没办手续呢，怎么能出国呀？

그 친구 아직 수속도 안 밟았는데,

어떻게 출국을 하니?

4. 你这个笨蛋，人家喜欢你嘛。

바보 같으니라고, 그 사람은 널 좋아하잖아.

5. 활용하기

1. 我建议啊，大家最好别去那儿。

제가 건의하겠는데요, 다들 거기에 안 가는 게

좋겠어요.

2. 你要好好儿学习呀。

너 열심히 공부해야 한다.

3. 你是今天到这儿的吗？

너 오늘 여기에 온 거야?

4. 别提了，她真可怜啊！

5. 明天一大早要赶路，你也早点儿睡吧。

6. 你那儿有我的中文小说吗？

7. 我说呢，他绝不是那种人。

실력 업그레이드!

你明天搬家吧？

我可以去帮你搬家。

你说搬家公司的人会过来？

那也得我这个朋友去帮你才对啊。

你怕我太累呀？

你又不是天天搬家嘛，不用担心啦。

那明天早上见! 晚安~

11과 딱 두 개뿐인 부정부사 不・没有

3. 검토하기

① 我不吃面条，吃面包。

② 我不忙，只是瞎忙。

③ 我从来没看过她哭。

④ 这个问题我们解决不了。

⑤ 妈妈不让我看电视。

⑥ 现在我不喜欢吃炸酱面了。

⑦ 我真没想到他也来这儿。

⑧ 阳台的鱼没被猫吃掉。

4. 교정 연습

1. 我昨天没见到他。

   난 어제 그를 못 만났어요.

2. 我们以前不认识，刚认识不久。

   우리는 전에는 모르는 사이었어요.

   안 지 얼마 안 되죠.

3. 我们星期六不上班。

   우리는 토요일에 근무를 안 해요.

4. 我从来没喝过酒，今天是第一次喝。

   난 술을 한 번도 마셔본 적이 없어요,

   오늘이 처음인걸요.

5. 활용하기

1. 来中国以前，我没学过汉语。

   중국에 오기 전에는,

   난 중국어를 배운 적이 없어.

2. 你知道明明为什么没来上课吗?

   너 밍밍이가 왜 수업하러 안 왔는지 알고

   있니?

3. 他歌唱得不好。

   그는 노래를 잘 못한다.

4. 我以前不喜欢喝茶，现在喜欢了。

5. 我爸爸从来不抽烟。

6. 吃什么我都没关系。

7. 我真没想到自己能拿冠军。

확인!
실력 업그레이드!

今天要去面试。

紧张得我早饭都没吃，可不觉得很饿。

希望这次面试是我一生中的

最后一次面试。

你也知道不及格时的滋味儿吧?

那也绝不能失去信心!

困难，是可以克服的。

12과 팔방미인
在字句

3. 검토하기

① 我们在会议室讨论问题。

② 我的手机在你那儿吗？

③ 他们在吵架呢。

④ 你把笔记本放在我的书包里吧。

⑤ 明明没在画画，他在跑步。

⑥ 他不在图书馆，他去书店了。

⑦ 站在明明后面的女生是我姐姐。

⑧ 明明，我来了，你在哪儿？

4. 교정 연습

1. 你的自行车在地下车库里。

네 자전거는 지하 차고에 있어.

2. 我在家复习功课，你呢？

난 집에서 배운 거 복습하고 있어, 너는?

3. 他们没在吵架，他们在讨论呢。

그들은 싸우는 게 아니라,

토론하고 있는 거야.

4. 你把电脑放在这儿吧。

컴퓨터를 여기에 놓아주세요.

5. 활용하기

1. 我在办公室写报告。

난 사무실에서 보고서 쓰고 있어.

2. 你现在在什么地方？

너 지금 어디에 있니?

3. 我妈妈在准备晚饭。

우리 엄마는 저녁을 준비하고 계셔.

4. 你的帽子在桌子上。

5. 我们都在韩老师家吃饭，你也快过来吧。

6. 老总在开会呢，您等一会儿吧。

7. 我把老师的话记在心里。

확인! 실력 업그레이드!

五一假期过得好吗？

五一，我一直呆在家里。

我在家看书、看电影、睡懒觉。

这次休息得很好。

如果能不去上班，继续在家里休息的话，

再好不过了。

那么谁给我发工资呢？

那只能是喝西北风了～哈哈～

13과 무엇이든 물어보세요
의문문

3. 검토하기

① 你饿吗? 我不饿。

② 你想买手提包还是买钱包?

③ 后天你到底来不来?

④ 你的车牌号码是多少?

⑤ 我们都想坐火车去，你呢?

⑥ 你生我的气了吧?

⑦ 这不是你的帽子吗? 怎么在这儿呢?

⑧ 难道你不认识我了吗?

4. 교정 연습

1. 你是谁?

누구세요?

2. 你去不去演唱会?

콘서트에 갈 거야, 말 거야?

3. 你难道没听说过这件事吗?

너 설마 이 일에 대해 못 들은 것은 아니지?

4. 他是老师还是学生?

그는 선생님이세요, 학생이세요?

5. 활용하기

1. 你有几个妹妹?

너 여동생이 몇 명이야?

2. 你想不想吃火锅?

너 샤브샤브 먹을래, 말래?

3. 你不是已经准备好了吗?

너 이미 준비 다 된 것 아니었어?

4. 你想喝点儿什么?

5. 我想去爬山，你呢?

6. 这不是你的吗?

7. 难道你还不了解我?

확인! 실력 업그레이드!

要问我最想去的地方是哪儿?

我很想去布拉格。

听我朋友说，那是一个非常美丽的地方。

你又想知道我想跟谁一起去呀?

什么? 我跟你一起去如何?

嗬! 这让我好好儿考虑一下吧。

14과 대상을 나타내는 전치사(1)

3. 검토하기

① 我的墨镜跟他的一模一样。

② 你和他是什么关系呀？

③ 我对他有一点儿意见。

④ 我跟这件事没关系。

⑤ 王老师给我们上副词课。

⑥ 对于中国京剧，我了解得很少。

⑦ 关于这个问题，我会直接跟小金联系。

⑧ 我给明明寄了两本书。

4. 교정 연습

1. 他对我不好。

   그 사람 나한테 잘 못해줘.

2. 我跟我朋友一起去旅游。

   난 내 친구랑 같이 여행 갈 거야.

3. 我想给家里写封信。

   난 집에 편지 한 통을 쓰려고 해.

4. 关于他，我们早就听说了。

   그에 관해서, 우리는 벌써 들은 적이 있다.

5. 활용하기

1. 今天晚上我给你打电话。

   오늘 저녁때 내가 너한테 전화할게.

2. 我不想和他住同一个房间。

   난 그 애랑 같은 방 쓰기 싫어요.

3. 她对这儿的情况不太熟悉。

   그녀는 이곳의 상황에 대해 그렇게 잘 모릅니다.

4. 这个地方给我的印象很深。

5. 关于出国留学问题，我们下次再谈吧。

6. 他对我很关心。

7. 你想不想跟(和)我一起去？

他对我很好。

从认识那天一直到现在，

他对我的态度一点儿都没变。

所以，我想跟他结婚。

得到了两家父母的同意没有？

他们当然同意了。

可是关于我们结婚的事，

你先别告诉别的朋友了。

我想给大家一个惊喜！

你明白我的意思了吧？

3. 검토하기

① 今天晚上我们从上海火车站出发。

② 他每天都从早上工作到深夜。

③ 窗户朝南开着。

④ 学校离车站不算近。

⑤ 我们应该向前看，不要回头。

⑥ 飞往北京的飞机能按时起飞。

⑦ 离考试还有一个星期呢。

⑧ 从头到脚都很可爱。

4. 교정 연습

1. 你从哪里来的?

너 어디서 왔니?

2. 到了十字路口，往左拐就行了。

네거리에 도착해서 좌회전하면 됩니다.

3. 他家离我家很近。

그 애 집은 우리 집에서 가까워요.

4. 我们向你表示祝贺。

축하드립니다.

5. 활용하기

1. 从这儿到那儿坐车需要一个小时。

여기에서 거기까지 차 타고 한 시간 걸려.

2. 我还是喜欢朝南的房子。

난 여전히 남향집이 좋아.

3. 离起飞不到半小时，你快点儿呀!

이륙까지는 반 시간도 안 남았어, 너 서둘러!

4. 从九点到十一点我上汉语课。

5. 我真不知该往哪儿走。

6. 我郑重地向您道歉。

7. 那个餐厅离这儿很近，

咱们就走过去吧。

확인! 실력 업그레이드!

房子最好离地铁站不远。

朝南就好了。

希望附近能有公园和超市。

押金和月租当然是越少越好。

您说这儿附近没有符合这样条件的房子，

求您帮我再找一找，好吗?

我实在是太喜欢这个地方了。

16과 바람과 희망을 나타내는 조동사(1)

3. 검토하기

① 我要去月球。

② 我想交一个讲义气的朋友。

③ 我愿意做你的新娘。

④ 如果他肯去，那么就让他去吧。

⑤ 他肯不肯做这件事？

⑥ 我不想吃饭了，你们去吃吧。

⑦ 我不愿意看见你过得不好。

⑧ 我要跟你比比，看谁的力气大。

4. 교정 연습

1. 我们都愿意参加足球赛。

   우리는 다 축구시합에 참가길 원해요.

2. 明天我要去图书馆，你去吗？

   내일 나 도서관에 가려고 하는데,

   너 갈 거니?

3. 你想不想当老师？

   너 선생님 되고 싶어?

4. 他虽然身体不舒服，

   却不肯回去休息。

   그는 비록 몸이 안 좋았지만,

   돌아가 쉬려고 하지 않았다.

5. 활용하기

1. 我很想见他一面。

   나는 그 사람을 꼭 한 번 만나고 싶다.

2. 我愿意照顾你一辈子。

   나는 그대를 평생 돌보고 싶소.

3. 暑假他打算去日本旅游。

   여름 방학 때 그는 일본으로 여행 갈 계획이다.

4. 我有事儿要跟你商量。

5. 他从来不肯帮助别人。

6. 今天的聚会我不想参加了。

7. 他不愿意见你，你还是回去吧。

확인! 실력 업그레이드!

有时候我很想成为一只鸟。

像鸟一样飞来飞去多好啊。

什么？鸟有鸟的苦处呀？

那倒也是。

嗯？再说，碰上比我大的鸟，让我怎么办？

哎，那算了，算了，我还是当人好了。

정답 및 해석   197

17과 가능을 나타내는 조동사(2)

3. 검토하기

① 星期六我能参加你的婚礼。

② 如果你喜欢这双鞋，可以试试。

③ 你们都会滑冰吗?

④ 后来我才知道，他很能花钱。

⑤ 小朴很会砍价，你带他去买东西吧。

⑥ 我一个月可以写一本书。

⑦ 希望今年我们能够轻松回家过年。

⑧ 你能不能帮我搬家?

4. 교정 연습

1. 太晚了，他不会来了。

   너무 늦었어, 그 친구 안 올 거야.

2. 请问，这儿能不能吸烟?

   저기요, 여기서 담배 피울 수 있나요?

3. 你的手机可以用一下吗?

   네 휴대폰 좀 쓸 수 있을까?

4. 我们能够帮助你的孩子上学。

   우리는 자네 아이가 학교를 다닐 수 있게 도

   울 수 있다네.

5. 활용하기

1. 你可以跟明明一起去。

   넌 밍밍이랑 같이 가면 돼.

2. 他不能翻译这本书。

   그는 이 책을 번역할 수 없어요.

3. 您放心，我们能够克服困难。

   안심하세요, 저희는 어려움을 극복할 수

   있으니까요.

4. 现在我可以回家吗?

5. 他能用汉语给中国朋友写电子邮件。

6. 我姐姐很会买东西。

7. 去那个超市我们能够买到大枣饼干。

확인! 실력 업그레이드!

通过这次欧洲旅行，我能够认识很多

外国朋友，这让我很高兴。

偶尔碰上中国朋友，我们用汉语聊天，

我会说汉语的事实让我感到很惊讶。

旅行回来之后，我对学好汉语有了信心。

汉语万岁!

3. 검토하기

① 你应该参加这次足球比赛。

② 今天晚上我得加班。

③ 我们一定要赢阿根廷队。

④ 你也不该这么对待他。

⑤ 我们三点之前必须得到机场。

⑥ 这会儿我们应该做什么呢?

⑦ 我在那个地方等你, 你一定要来!

⑧ 该说的我都和明明说了。

4. 교정 연습

1. 公共场合, 不应该大声说话。

공공장소에서는 큰 소리로 말해서는 안 된다.

2. 下一个该轮到你了, 你唱一首吧。

다음은 네 차례야, 너 노래 한 곡 불러봐.

3. 买这辆汽车, 得十五万元。

이 자동차를 사려면, 15만 위엔이어야 한다.

4. 做任何事都要有计划, 要负责。

어떤 일을 하든지 계획이 있어야 하고,

책임을 져야 한다.

5. 활용하기

1. 你是学生, 要好好学习。

너는 학생이니, 열심히 공부해야 한다.

2. 你身体还没恢复, 应该多休息。

네 몸은 아직 회복되지 않았어,

마땅히 푹 쉬어야 해.

3. 他的问题, 我还得考虑考虑。

그의 문제는 내가 좀 더 생각해봐야겠어.

4. 今天晚上我得加班。

5. 她是新手, 你应该多照顾她。

6. 这次考试又考砸了, 我该怎么办呢?

7. 你要早点儿回来。

실력 업그레이드!

我知道, 学生嘛, 应该好好儿学习,

但有时候我真不想学习。

说实话, 我这个人越接近考试越不想

学习。

这是我的老毛病了。

哎呀, 我听到妈妈的脚步声了!

我得看书啦。

19과 단호하게 거절하는 부정, 금지 표현

3. 검토하기

① 我叫你不要迟到，你又迟到了。

② 别说了，我已经决定了。

③ 您不用亲自去，我替您去吧。

④ 你少给我装蒜，我受不了了。

⑤ 你不必去了，我去吧!

⑥ 大家不要再夸我了。

⑦ 学外语嘛，别怕说错。

⑧ 这个不用你操心，我自己有办法。

4. 교정 연습

1. 上课的时候，不要睡觉。

수업 시간에는, 잠을 자지 마라.

2. 你不用去北京了。

자네 베이징에 갈 필요 없겠네.

3. 如果他不愿意，我们也不必勉强了。

그 애가 원치 않으면,

우리도 억지로 시킬 필요 없잖아요.

4. 别哭了，妈妈一会儿就回来。

울지 마, 엄마가 곧 오실 거야.

5. 활용하기

1. 少吃点儿! 你已经够胖的了。

그만 좀 먹어! 너 이미 너무 뚱뚱하거든.

2. 外边风很大，你们最好不要出去了。

밖에 바람이 많이 불어,

너희들 안 나가는 게 좋겠어.

3. 你不用过去了，他们要来。

네가 갈 필요 없어, 그 친구들이 올 거야.

4. 今天天气很暖和，不必穿得太多。

5. 考试的时候，别说话。

6. 你不用亲自去，让你的秘书去就行了。

7. 我告诉你一个秘密，

你千万不要告诉别人。

실력 업그레이드!

毛主席曾经说过，少说废话，多做事。

对对，这话说得太对了。

该工作的时候，认真工作，

该学习的时候，专心致志地学习，

千万别胡思乱想了。

先不要想着结果会怎么样，

让我们享受过程吧~

20과 다양하고 개성적인 상상, 추측 표현

3. 검토하기

① 他可能在家吧。

② 我恐怕不能走路了，你们快跑吧!

③ 天这么闷热，晚上肯定会下雨。

④ 你能行，你一定会考上大学的。

⑤ 我们一定要胜利! 一定要成功!

⑥ 也许这就是人生吧。

⑦ 到西湖大概要二十分钟。

⑧ 这不可能是他干的。

4. 교정 연습

1. 他肯定是有事才没来的。

   그 사람 틀림없이 무슨 일이 있어서

   못 왔을 거야.

2. 明天不会下雨。

   내일은 비가 안 올 거야.

3. 他很可能已经回去了。

   그 친구 아마도 이미 돌아갔을 가능성이 커.

4. 他刚到，恐怕时差还没倒过来。

   그는 막 도착해서, 아마 시차에 아직 적응하

   지 못했을 거야.

5. 활용하기

1. 我相信他会回来的。

   난 그 사람이 올 거라고 믿어.

2. 我觉得他肯定是个骗子。

   내가 보기엔 그 사람 틀림없이 사기꾼이야.

3. 他还没到，一定是忘了吧。

   그 사람 아직도 도착을 안 했는데,

   틀림없이 잊어버렸을 거야.

4. 这么晚了，他可能已经睡了。

5. 听到你的消息，他会很高兴的。

6. 现在去恐怕来不及了。

7. 你去问问明明，也许他知道。

실력 업그레이드!

我恐怕不能参加明天的聚会了。

我得回一趟家。

叫我早去早回呀?

我也希望如此，可现在不敢肯定事情

能不能办得顺利。

不管怎么样，我会尽力的。

反正，你们不要等我，先吃饭吧。

我会再跟你们联系。

MEMO

N/A